国家繁栄の条件

「国防意識」と「経営マインド」の強化を

大川隆法
RYUHO OKAWA

まえがき

教育というものは人を変える。特に、少年期・青年期に刷《す》り込《こ》まれた記憶《きおく》は、大人になってからの人間の判断能力に多大な影響力を及ぼす。だから教育の上に、正しい宗教があって、人類普遍《ふへん》の法による検証が常になされねばならない。

マスコミも政治家も役人も、大多数の国民も、戦後教育によって、腰抜《こしぬ》けのク・ラゲのようにされていても、自《みずか》らは世界の最先端《さいせんたん》にいるような気分でいる。先の敗戦も、日本人全員をキリスト教徒に改宗《かいしゅう》させるには到らなかったが、「日本人原罪論」を教え込むには成功したようだ。

もう「吉田ドクトリン」の縛《しば》りから自由になってもよいのではないか。北朝鮮が核・ミサイル実験をやっても、「憲法九条死守《ししゅ》」を言っている知識人、マスコミ人の頭脳が、論理的でも、プラグマティックでもなく、倫理《りんり》的でもないことに気づいてもよいのではなかろうか。

二〇一七年　十月十七日

幸福実現党創立者兼総裁《こうふくじつげんとうそうりつしゃけんそうさい》　大川隆法《おおかわりゅうほう》

国家繁栄の条件　目次

まえがき　3

二〇一七年十月九日　説法《せっぽう》
東京都・幸福の科学　東京正心館《しょうしんかん》にて

第1章　日本の進む道

3

「平和主義」が第三次世界大戦を招く

第2章 国家繁栄《はんえい》の条件

二〇一七年十月十五日 説法
大阪《おおさか》府・幸福の科学 大阪正心館にて

第1章

日本の進む道

二〇一七年十月九日　説法《せっぽう》
東京都・幸福の科学　東京正心館《しょうしんかん》にて

1 国家としての「日本のあり方」を考え直す時

今日（二〇一七年十月九日）は三連休の最終日だとのことですが、私は連休も関係なく仕事をしているので、「ああ、そうだったのですか」という状態ではあります。

日本もなぜか休みが多いのですね。われわれ宗教にとっては、休みが多いのはやりやすいことで、ありがたいことではあるのですが、「日本人は本当に働いているのかな」という気がしないわけでもありま

本講演が開催された東京正心館・大礼拝室（東京都・港区）の様子。

せん。

本日は、「日本の進む道」と題しての話になります。

その基本テキストは、『自分の国は自分で守れ』（幸福の科学出版刊）に続いて発刊した『危機のリーダーシップ』（幸福の科学出版刊）という本です。これは、直前に開催《かいさい》した二回の講演の内容を書籍《しょせき》にしたものです（「『自分の国は自分で守れ』講義①」〔二〇一七年九月二十四日〕、「危機のリーダーシップ――『自分の国は自分で守れ』講義②」〔同年十月一日〕）。

ただ、本日述べる内容は、そこから離《はな》れた話になるでしょう。というのも、もう少し根本的なところに迫《せま》っていかなければならないと考えているからです。

現在、衆院選（第48回衆議院議員総選挙。十月二十二

『危機のリーダーシップ―いま問われる政治家の資質と信念―』（幸福の科学出版刊）

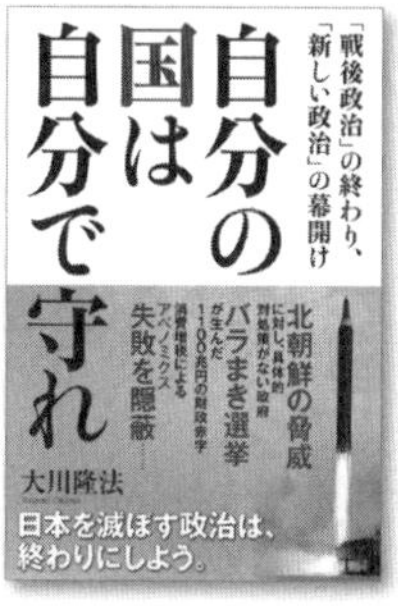

『自分の国は自分で守れ―「戦後政治」の終わり、「新しい政治」の幕開け―』（幸福の科学出版刊）

日投開票）の選挙戦が始まっていて、与野党《よやとう》八党の党首がテレビ等に出て議論をしたりしています。その内容は新聞でも紹介《しょうかい》されてはいるのですが、それを読むと、何せ、どの方も「視点が低い」というか、「視野が狭《せま》い」というか、本当に「目先のことしか考えていない」ということだけはよく分かります。

しかし、今、迫ってきているものは、もっと「根本的な問題」ではないでしょうか。私は、「国家としての日本のあり方を考え直すべき時が来ているのではないか」と考えています。

やはり、「何議席取れるか」といった、「政争の具」としての小手先《こてさき》の解散・総選挙ではなくて、日本の国体にかかわる根本的な問題について話をするべき時なのではないかと思うのです。しかし、どうも、そういう感じではありません。

これも、いつものとおりのことではあるのですが、「本当に話をしなければいけないこと」については議論がなされず、「目先の分かりやすいこと」だけをあげつらって話をするというやり方が続いています。

はっきり言って、この国の政治は二流と言わざるをえないでしょう。あるいは、三流かもしれません。

2　日本の「危機の本質」は「吉田《よしだ》ドクトリン」の呪縛《じゅばく》

「吉田ドクトリン」が戦後日本のあり方を決めた

最近緊急《きんきゅう》出版したもう一冊の本として、『吉田茂《よしだしげる》元首相の霊言《れいげん》――戦後平和主義の代償《だいしょう》とは何か――』（幸福の科学出版刊）があります。

霊言一回分にしては、わりあい厚めの本になりましたし、読み解くのもけっこう難しいところはあるでしょう。「ああでもない、こうでもない」と、のらりくらりと言《げん》をかわしながら話しているために、なかなか本質が見えにくいところはあります。

ただ、この本に関連してズバリと述べるならば、現在、

『吉田茂元首相の霊言―戦後平和主義の代償とは何か―』（幸福の科学出版刊）

北朝鮮《きたちょうせん》の核《かく》ミサイル危機が、選挙等を通して問わなければいけないことを教えています。

要するに、日本が変わらなければいけない原点の問題は、吉田茂が戦後に敷《し》いた「吉田ドクトリン」という考え方にあるということです。吉田茂の考えのもとになったものに、戦後政治がずっと引っ張られている状況《じょうきょう》にあります。

確かに、私たちは、教科書等でそれを正しいこととして教わってきましたし、初期のころは、ある程度当たっていた面もあったのかもしれません。

しかし、ズレがだんだんに大きくなってきて、今や、「日本の国の政治のあり方」や「哲学《てつがく》」、「基本的な理念」というものが、国際社会のなかにおいては、はるかに後《おく》れたものになっているのではないでしょうか。ここが問題点なわけです。

そして、マスコミ等や野党の一部が、「吉田ドクトリン」的な基本理念を未来社会のあり方であるかのように捉《とら》えて、「それを広げればいいのだ」という感じの〝お題目《だいもく》〟に変わっています。

実はここに、「危機の本質」があるのではないかと考えています。

〝憲法九条の守護神《しゅごしん》〟になっている吉田茂とは

ただ、「吉田ドクトリン」といっても、簡単には分からないかもしれません。

吉田茂は終戦後の総理大臣であり、いわゆる、現在の日本国憲法を公布・施行《しこう》した人です。憲法九条を定着させ、国防はアメリカ頼《だの》みで、経済発展だけを目指す方向にシフトしました。

その後、警察予備隊や保安隊、自衛隊が組織されましたが、基本的に、「戦力不保持」ということを主張していた首相なのです。

吉田茂（1878 ～ 1967）　第 45・48 ～ 51 代内閣総理大臣。1951 年、「サンフランシスコ平和条約」を締結し、日本の主権回復を実現。「憲法 9 条」の下《もと》で国防をアメリカに頼り、経済成長を最優先させるという「吉田ドクトリン」を国家戦略として打ち出し、戦後日本の基本路線を敷いた。

ですから、ＧＨＱ（連合国軍最高司令官総司令部）のマッカーサー等が再軍備を要求してきたときにも、それをはねつけています。

つまり、「ＧＨＱの言うことをはねつけてやることが日本の独立だ。アメリカは日本の番犬様だから、アメリカに守らせておけばいい。日本は経済に邁進《まいしん》して金儲《かねもう》けをしていればいいのだ」というような考え方である「吉田ドクトリン」をつくったのは、この吉田茂なのです。

また、彼は、「吉田学校」といわれる政治グループを形成しました。そこから、池田勇人《いけだはやと》や佐藤栄作《さとうえいさく》などの首相等がたくさん出てきており、現在まで、その流れのなかにあるわけです。

この流れのなかに、「自衛隊というのは、せいぜいセコムかＡＬＳＯＫ《アルソック》（綜合《そうごう》警備保障）であり、本来は要《い》らないのだ」という考え方が入っているのです。

そのため、日本にとっては、憲法九条が戦後の宗教に代わる〝基本教義〟となり、霊言で本人も言っているように、吉田茂そのものが〝憲法九条の守護神《しゅごしん》〟になっているという状況が起きています。

要するに、七十年間、この「吉田ドクトリン」を粉砕《ふんさい》できた人がいないわけです。戦後は、これがよいことだということでずっと続いてきて、すべてがこれに基《もと》づいて行われてきました。

映画「るろうに剣心《けんしん》」に見る、戦争についての日本人の考え方

ちなみに、映画「るろうに剣心《けんしん》」という作品には、「逆刃刀《さかばとう》」という刀が出てきますが、これには戦後日本の考え方の影響《えいきょう》が感じられます。

本作品はマンガが原作の映画ですが、主人公の緋村剣心《ひむらけんしん》は明治維新《いしん》の前に人斬《き》りをずいぶん

映画「るろうに剣心　京都大火編／伝説の最期編」(2014年公開／大友啓史《おおともけいし》監督／ワーナー・ブラザース映画)

やったため、かつては「人斬り抜刀斎《ばっとうさい》」と呼ばれていました。ただ、明治以降は、「不殺《ころさず》の誓《ちか》い」を立てて、敵と戦うときは「逆刃刀」を使用するのです。

これは普通《ふつう》の刀とは違《ちが》って、刃《は》と峰《みね》が「逆向き」になっています。つまり、自分に向いているほうに刃が付いているので、人は斬れません。峰打《みねう》ちしかできないわけです。

とはいえ、力いっぱい打てば、相手は打撲傷《だぼくしょう》を負ってのびます。そういうかたちで、剣心は何百人もの敵と戦っていました。

これは、マンガの世界としては確かに面白《おもしろ》いのですが、このなかには、自衛隊を含《ふく》む、戦争に対する戦後の日本人の考え方が、けっこう入っているような気がします。

実際には、「外側に刃の付いていない刀を一本持っているだけの剣豪《けんごう》が、警察では銃《じゅう》をもってしてでも制圧できないような武装テロ集団を打ち倒《たお》す」などということは、できるはずがないでしょう。

「不殺の誓い」を立てた以上、人を斬らずに戦うというのは、マンガとしては面白いのですが、これと同様のことが、今、政治の世界でも現実に起きているのです。

すなわち、「自衛隊という事実上の軍事組織はあるが、これは戦わない部隊である。海外からは軍隊だと思われているけれども、軍隊とは別のものだ」といったことが言われているわけです。

吉田茂の反骨精神が招いた日本の「国難」

なお、月刊「ザ・リバティ」(二〇一七年九月号、幸福の科学出版刊)によれば、「自衛隊が中国と戦った場合、ミサイル等の弾薬《だんやく》は三日で尽《つ》きる」とも言われています。

「弾薬が三日で尽きたら困るではないか」と思いますが、その間にアメリカが助けに来るだろうという考えなのでしょう。

ですから、戦後は、「ミサイル等は三日ほどで切れるが、その他の戦いは半月ぐらい、二週間ぐらいはもつのではないか。だいたい、その間にアメリカが何とかしてくれるだろう。太平洋を渡《わた》って助けに来てくれるのではないか」という価値観でもって出来上がっているわけです。

これが、吉田茂が首相のころに出来上がった考え方だと思います。

私も学校の教科書で教わりましたが、「その結果、日本は、軍事に金をかけずに経済に邁進したことで高度成長をすることができ、経済大国として世界第二位まで上がることができた」と、ほめ称《たた》えるような論調で、ずっと来ています。

また、今はＧＤＰ（国内総生産）のほうがよく使われていますが、当時はＧＮＰ（国民総生産）が国の経済活動の指標となっており、「日本の国民総生産の一パーセント以内に自衛隊の予算を抑《おさ》える」ということが、ずっと議論されてきました。

「自衛隊」というのは、消防隊と同じような感じがして、どうも、「軍隊ではない」という響《ひび》きがあるのです。

かつて、第二次大戦の終わるころまでは日本領であった韓国《かんこく》・北朝鮮等も、日本が敗戦を迎《むか》えるに当たり、戦後は、各々《おのおの》、勝手に独立していきました。

ところが、その後、放置しているうちに、北朝鮮は、現在を見てのとおり、原《げん》爆《ばく》や水爆、あるいは、それらを弾頭に載《の》せた弾道ミサイルの開発をし続け、世界を破壊《はかい》できるような方向に突《つ》き進んでいるわけです。それも、韓国や日本向けだけではなく、グアムやハワイ、さらに今では、アメリカの西海岸向けの弾道ミサイルも準備しており、アメリカ本土も攻撃《こうげき》できるのではないかとも言われています。

もし、日本が、植民地を管理していた欧米《おうべい》の宗主国《そうしゅこく》のような考えを持っていれば、おそらくは、こんなところまでは行かなかったでしょう。

要するに、反骨精神で何でも反対したがる吉田茂の性格、彼の家系を出した高知では「いごっそう」といわれる性格が、このような状況を招いたわけです。

戦後、マッカーサーから押《お》しつけられた憲法を護《まも》り続け、その約五年後に「再軍備」を勧《すす》められたにもかかわらず、それをはねつけました。「はねつけることが独立だ」と思っていたようなところはあったのではないかと思います。

しかしながら、そのときに、「それが、一つの国としての自主権であり、独立国家としてのかたちをつくるためのチャンスである」ということを彼が見抜《みぬ》けなかったという不明のところが、その後、何十年も祟《たた》ることになるとは、おそらく、本人も思ってはいなかったのではないでしょうか。

『吉田茂元首相の霊言』（前掲《ぜんけい》）でも述べられているように、「それによって日本の自衛隊が朝鮮戦争に巻き込《こ》まれなかった」と言えばそうかもしれませんが、その考え方が戦後もずっと続いてきたことで、経済力のわりには、国際的なリーダーとして何らの指導力も発揮しない状態が続いてきているわけです。

また、吉田茂の霊言のなかで、「今、さまざまな政党が乱立しているような状況だけれども、あなたが甦《よみがえ》ったとしたら、どこの党から出馬できるか」と訊《き》いたところ、本人の霊は、答えられずにいました。

こちらからは、「立憲民主党ですか。共産党ですか。いったいどこから出られるのですか」と訊いてみたのですが、言葉に詰《つ》まってしまい、「自分で党をつくる」などと言っていたのです。

彼は自民党の根本《こんぽん》の主軸《しゅじく》をつくった人であるにもかかわらず、今となっては、自民党からも、希望の党からも、日本維新の会からも出られないし、当然、幸福実現党からも出られないという状態にあり、「左翼《さよく》」か、いわゆる「リベラル」の一部にしか存在できないようになってきているわけです。

これは、日本を取り巻く情勢が、戦後のスタート点において考えていたものとは大きく変わっていることを意味していると考えられます。

「クラゲのように漂《ただよ》って生きるだけの国家」を神は許していない

生前の吉田茂元首相は、「最後は、非武装中立でもよい」というような考え方まで持っていたとも言われています。その「戦力不保持、交戦権の放棄《ほうき》」、そして、「もう二度と戦争をしない国をつくる」といったことはよいことのように言われていますし、今でも、ノーベル平和賞の対象にもなりやすい考え方ではあるのですが、その考えでもって政治を行《おこな》ってきた人が、死後、自分自身が地獄《じごく》に堕《お》ちている理由が分からず、「教えてくれ」と言ってきたのです。

ということは、論理的に見れば、「立憲民主党、共産党、社民党等に投票なされるような方は、みな、地獄に行かれる方」という結論につながってくるわけです。ところが、そういう考え方を主張してきた政治家らは、その理由が分からないために、いまだに迷っているし、また、それを応援《おうえん》するようなマスコミの人たちも、おそらく、同じような精神性を持っているのではないでしょうか。

そして、ここで明らかになってきたことは、「神は、『クラゲのように漂《ただよ》って生きているだけの国家を許してはいない』と、はっきりと言っている」ということです。

やはり、国があるのにはあるだけの理由があり、その国それぞれの責任と、向かうべき方途《ほうと》というものが、しっかりとあるわけです。日本という国が、国民は世界人口七十億人余りのなかの一億人程度しかいないとしても、あるいは、面積は世界の〇・三パーセントほどしかないとしても、明治以降、アジアの国のなかでこれだけ大きな力を持ち続けてきたというのは、そこに一定の使命があったのだと思われます。

だからこそ、私たちは、今、霊言集等を通して、「『先の戦争で敗れたから、その前に行われていたことはすべて、百パーセント間違いであり、その正反対が正しい』という考え方のなかに、間違いがあったのだ」ということを立証してきているわけです。

もちろん、調整やバランスの問題はあるでしょうが、戦前がすべて間違っていたわけではありません。吉田茂の考え方のなかに、「日和見《ひよりみ》的な生き方」と、「責任を取らない考え方」があり、さらに、「神様のいる国としての国家運営という『神国日本』的な考え方が、スポッと抜け落ちていた」ということです。

これが、戦後の「無神論国家」、「神様のいない国家」が、経済的にのみ繁栄《はんえい》した理由でもあります。この罪には、やはり、〝マルクスに次ぐぐらいの悪さ〟があるのではないでしょうか。

マルクスを〝教祖〟とするような共産主義は、一時期は地球の半分ぐらいにまで広がったことはあるものの、今では、だんだんと〝骨抜き〟になりつつあるところですが、そのマルクス自身も、あの世ではまだ成仏《じょうぶつ》できずにいます（『マルクス・毛沢東《もうたくとう》のスピリチュアル・メッセージ』〔幸福の科学出版刊〕参照）。

これらは同じことであって、要するに、政治・経済関係に関しては、いわゆる犯罪人が犯罪を犯《おか》したことによる善悪のようなものではなく、その指導者は、「その思想によって、多くの人々が正しく生きられたか、間違って生きたか」ということへの責任が問われるのだということを意味しているのです。

『マルクス・毛沢東のスピリチュアル・メッセージ』
（幸福の科学出版刊）

アメリカの〝お墨付《すみつ》き〟があるうちに「再軍備」をすべきだった日本

吉田茂は、「安保《あんぽ》タダ乗り」と言われていた時代に、再軍備について考え直す必要がありましたし、朝鮮戦争があったときにも、政治家として、考え直さなければいけないことだという自覚を持つべきでした。

近年では、湾岸《わんがん》戦争、それからイラク戦争があり、アメリカによって、イラクという国家が一度は消滅《しょうめつ》しましたが、アメリカは、その後すぐに、イラクに軍隊をつくらせています。これは、かつての日本の轍《てつ》を踏《ふ》まないようにするためでしょう。

「イラクが、また悪いことをするかもしれない」と考えるのであれば、十年や二十年は軍隊を持てないようにしても構わないところを、すぐに軍隊をつくりました。それは、国内の治安の問題はもちろんのこと、軍隊のない状態があれば、近所の

イラク・バグダッド西方の米軍基地で米海兵隊員（右）から教育を受けるイラク人兵士（2005年2月21日）。

イスラム教国から攻《せ》め込まれて、国を取られる恐《おそ》れがあるためです。そういうことから、すぐに軍隊をつくり、治安活動をさせています。

これは、「日本において、戦後、失敗した」とアメリカが判断しているということなのです。

先ほど述べた、高知の人の県民性として言われる「いごっそう」、つまり、他人《ひと》に反抗《はんこう》して言うことをきかないようなところは、強者《つわもの》と言えば強者なのかもしれません。ただ、言葉は選ばなければいけませんが、「反骨精神」とでも言うのでしょうか。吉田茂も、外交官として、戦争中に軍国主義的な国から干《ほ》されていた部分への反抗もあったのかとは思いますが、第五次吉田内閣までやってしまったために、戦後の改革ができなかったところがあります。

イラク北部モスル南方の村に展開するイラク軍の戦車（2016年11月1日）。

鳩山由紀夫《はとやまゆきお》氏には問題が多かったですが、実は、彼の祖父である鳩山一郎《いちろう》●は、「マッカーサーの意見に合わせて再軍備のほうに舵《かじ》を切らなければいけない」と思っていたのです。ところが、吉田茂首相が〝頑張《がんば》り〟すぎたために、それができませんでした。そして、その後の吉田茂の弟子《でし》たちも、これを修正することができなかったわけです。

あの当時であれば、アメリカ側の〝お墨付《すみつ》き〟があったので、「再軍備」も「憲法改正」もやりやすかったでしょう。その後、こんなに長い問題になるとは思わなかったのかもしれませんが、もはや〝神学論争《しんがくろんそう》〟のようになってしまっていて、非常に残念です。

●**鳩山一郎**（1883～1959）　政治家。第52～54代内閣総理大臣。第二次大戦後、日本自由党を創立して総裁となるも公職追放。解除後、日本民主党の総裁となり、1954年、首相に就任した。1956年、日ソの国交を回復。いわゆる「友愛思想」の提唱者。『マッカーサー 戦後65年目の証言』（幸福の科学出版刊）参照。

3 「平和主義」が第三次世界大戦を招く

「話し合い」が通じる相手ではない北朝鮮《きたちょうせん》

ともかく、「北朝鮮《きたちょうせん》の問題は、一時的なものでは済まないかもしれない」と知っておいたほうがよいと思います。おそらく、左翼《さよく》平和主義者やマスコミの半分以上は、「一過性のものだ」と考えているのでしょう。こうした人たちは、すぐに「話し合いで何とかなる」といったことを持ち出してきて言っています。

しかし、北朝鮮の最高指導者は、過去に二回、「核《かく》を断念する」と約束していたにもかかわらず、結局、それを反故《ほご》にして開発を続けていたのです。安倍《あべ》首相も、「話し合いが守られる国ではない」、「話し合いは無駄《むだ》である」ということを言っていますが、それについては、私も正しいと思います。北朝鮮は言うことをききはしません。

国連決議があって、北朝鮮は今、これほど制裁をかけられていますが、それについて、非常に不当なことをされているように考えています。昨日《きのう》あたりの発言を聞くと、「核開発をますます推進する」というように述べていたので、また近いうちに、「実験」か「実戦」かは分かりませんが、何らかのことが起きることになるでしょう。

一方、トランプ大統領のほうは、「嵐《あらし》の前の静けさだ」というようなことを言っており、マスコミから、「それはどういう意味ですか」と訊《き》かれたら、

10月5日、ホワイトハウスで開かれた米軍高官との会合で発言するトランプ大統領。会合後の夕食会の冒頭、記者たちに対して、「これが何を示しているか分かるか？　嵐の前の静けさかもしれない」と語った。

「そのうち分かる」というように答えました。非常に意味深《いみしん》で、男としては〝格好いい〟言い方ではあります。言葉尻《じり》を捉《とら》えられて、いろいろと紛争《ふんそう》が起きるので、言い方は難しいのかもしれません。また、「選択肢《せんたくし》は一つになった」とも言いました。

「嵐の前の静けさだ」という発言と「選択肢は一つになった」という発言とをつなぎ合わせてみれば、誰《だれ》でも結論は分かるでしょう。要するに、これは、「攻《こう》撃《げき》する」ということを意味しており、あとは、同盟国との関係の調整や被害《ひがい》見積もり等をしているわけです。

北朝鮮問題を先延ばしにすれば、「第三次世界大戦」の引き金になる

私の直観では、アメリカは、北朝鮮が目指しているようなことはさせないでしょう。北朝鮮がやろうとしている「グアム周辺の上空で水素爆弾《ばくだん》を積んだ弾道ミ

サイルを爆破させ、電磁パルス攻撃をしかけ、アメリカの人工衛星の機能や、敵国の地上の機能を麻痺《まひ》させる」という実験がなされるのを待ってから反撃するといった、日本の自衛隊のような考え方はしないはずです。待っていては被害が大きくなるので、それより早いと思います。今、そのあたりを計算しているところではないでしょうか。

安倍首相は、おそらく、「解散・総選挙を行《おこな》って自分の続投が決まり、トランプ大統領と会って、その後、話し合いをして、年末から来年にかけて軍事行動が起きるだろう」と見ているのだろうと思います。

ただ、トランプ大統領が、そこまで安倍首相のことを考えてくれているかどうかは分かりません。考えていない節《ふし》も、若干《じゃっかん》あります（笑）。日本に伝えるとすぐに情報が漏《も》れてしまうので、何も言わないかもしれません。事後通告か、「ただいま発射しました」といったような連絡《れんらく》をするか、ともかく着弾する前には知らせるかたちを取るぐらいではないかと思います。

さらに、韓国《かんこく》はもっと口が軽く、あの大統領（文在寅《ムンジェイン》氏）に連絡などしたら、すぐに「（軍事行動を）やめてください」と言うでしょう。したがって、相談などはせずに、着弾する前ぐらいに報告をするだろうと思います。

トランプ大統領は、こうしたことをいろいろ考えているのでしょうが、これについては、日本のほうではいかんともしがたいものです。

確かに、平和主義者を名乗る方や、「憲法九条死守」と言っている方の考えも分からないではありません。「七十年、それでうまくいったのだから、これからもそれでいいではないか」という考え方も分からないことはないのです。

ただ、日本が、このまま北朝鮮を放置し、何らの対策も取らずにじっとしているのであれば、北朝鮮は数年以内に核大国としての姿を現してくるはずです。

もし、ロシアか中国か、どちらかが、「やはり、これ以上、制裁に乗り切れない」ということで、経済的なパイプをつけて太くしてしまえば、北朝鮮は核大国として厳然と存在するようになるでしょう。こうなると、日本の安全保障上、極《きわ》めて厳しい結果になります。

ですから、〝先延ばし〟にすると、日本自体が主戦場となった戦争が起きる可能性は高いですし、ひいては、それが「第三次世界大戦」の引き金になる可能性も極めて高いのです。

平和主義者が言っているような、「軍備をしない。ミサイルもつくらない。敵国攻撃はしない。憲法を護《まも》ってそのままやる。日本はもう二度と牙《きば》を剝《む》いてはいけないのだ」という思想を守っていたら、本来なら「局地戦」で終わるかもしれないものが「第三次世界大戦」に飛び火していく可能性がないとは言い切れません。これを、私は言っておきたいと思います。

要するに、「見通しが甘《あま》いのではないか」ということです。

北朝鮮の問題は、次の二十年、三十年の間に出てくる「対中国問題」につながってくるものでしょう。

いずれにしても、中国は次の覇権《はけん》国家として出てこようとするはずなので、中国の覇権国家理論には、まず北朝鮮のところでつまずいてもらわなければいけません。そして、「西側のほうに歩調を合わせないと、自国の経済的発展や安全が守れないこと」を理解してもらわなければいけないのです。そうでなければ、中国と事を構えて、「第三次世界大戦」になる可能性もあります。かつての「ソ連対アメリカ」のようなことが起きる可能性が極めて高いのです。

やはり、北朝鮮問題というのは、そうとうエネルギーを絞《しぼ》り、知力を絞って考えていかなければならないものだと思います。

次のワールド・オーダーはどうあるべきか

こうした意味で、今、日本で議論されている内容は「小手先《こてさき》」であり、「非常に小さい」のではないでしょうか。

例えば、自衛隊についてもそうです。すでに、自衛隊そのものは存在していますし、自衛隊法も存在しています。自衛隊員も二十万人ぐらいおり、その家族もいるわけです。今、「自衛隊」という文言《もんごん》を、「憲法九条の第三項《こう》に付け加えるかどうか」などという話をしていますが、そういう問題ではないでしょう。

現憲法の第九条は、「戦争放棄《ほうき》」（第一項）と「戦力の不保持」（第二項）を規定していますが、その上で、第三項で「自衛隊は別途《べっと》、存在できる」というように書けば、憲法のなかで矛盾《むじゅん》が生じます。これでは、また解釈《かいしゃく》論議を延々とやるだけのことになるでしょう。

そろそろ、この〝頭のトロさ〟はやめたほうがよろしいのではないかと思います。もはや、そういうレベルではありません。「『吉田ドクトリン』に間違いがあった」ということを、はっきりと認めるべきなのです。「これを変えないかぎり、日本は存続できない。国家の消滅《しょうめつ》になる」ということを知ったほうがよいでしょう。

私たちの次の世代、つまり、今の若い人たちは、「北朝鮮危機」と「中国危機」を乗り越《こ》えなければ、国家として生き残れません。そういう時代になります。

したがって、私たちの世代は、次の世代のことを考え、「吉田ドクトリン」が後世にツケを残すことがないように、できるところまで「基盤《きばん》整備」をしておかなければならないと思うのです。

やはり、今、「陸・海・空」の軍事力を持っている自衛隊を、「軍隊ではない」と言うことは通用しないでしょう。

また、どの国も、自国の軍隊については、「防衛軍」とか「国防軍」とかと呼んでいるわけであって、防衛が主旨《しゅし》であることはどこも同じなのです。最初から、侵略《しんりゃく》を主旨として軍隊をつくっている国などありません。

確かに、アメリカのように、自国の防衛だけではなく、同盟国や、主義主張を同じくする自由主義諸国を守るところまで、「防衛」という概念《がいねん》を広げている国はあります。しかし、そのすべては、「人間心を超《こ》えた、神様のワールド・オーダー（世界秩序《ちつじょ》）はどうあるべきか」を考えて行っていることなのです。

日本人が考えるべき「国家レベルでの愛」とは何か

以前にも述べたことがありますが、アメリカの空母のパイロットにインタビューしているシーンをテレビで観《み》たことがあります。そのパイロットは、「あなたは、何のために戦闘機《せんとうき》に乗って戦うのか」と訊かれた際、「世界の正義のために」

と答えていました。日本では、こうは言えないでしょうが、アメリカのパイロットは、「世界の正義のために」と答えていたのです。

私はこれを聞いて、「アメリカはさすがだな」と思いました。もし、日本の航空自衛隊の隊員に同じことを訊いたら、何と答えるでしょうか。「とにかく自衛隊としての役割を果たすために」といったことを言うのかもしれませんが、アメリカのほうは、「世界の正義のために」と答えていました。

なお、私がそれについて肯定的《こうてい》なコメントを述べたところ、幸福の科学の信者であるアメリカの軍人たちにも伝わったようです。イラク戦争のときには、誇《ほこ》りを持って戦地に赴《おもむ》き、無事に帰ってきたようではありました。

ともかく、アメリカの映画を観ても、「悪の勢力を地上にはびこらせず、正義を打ち立てる。正しいものを守る」という考え方が、一つのテーマとして貫《つらぬ》かれているわけです。

ところが、日本では、ヒーローの役割について、あまり分かっていないというか、評価されていないように思います。要するに、「日本的ヒーローは小さい」のです。非常に小さくて、残念と言うしかありません。

やはり、日本もこれだけの大国になった以上、「他の国のこと」や、「地球の正義と平和」について考えるべきでしょう。これが、大きな意味で「国家レベルでの愛」なのだということを知らなくてはいけないのです。

国ごと「強制収容所」となっている北朝鮮《きたちょうせん》

今日の講演の基本テキストとなっている『危機のリーダーシップ』（前掲《ぜんけい》）に書いてあるとおり、北朝鮮《きたちょうせん》の初代（金日成《キムイルソン》）、二代（金正日《キムジョンイル》）とも、地獄《じごく》に堕《お》ちて悪魔《あくま》になっています。私の霊査《れいさ》では、何回行《おこな》っても同じ結果になるので、絶対に間違いないでしょう。初代、二代が悪魔になっているのです。さらに、その路線をさらに進めて、完成させようとしている三代目（金正恩《キムジョンウン》）は、もっと大きな悪魔になる可能性があります。

そして、その悪魔の命令一つで、北朝鮮に住む二千万人余りの人たちが、今、封《ふう》じ込《こ》められているわけです。要するに、生きながらにして、牢獄《ろうごく》のなかに閉《と》じ込められているようなものであり、現実には、北朝鮮という国自体が〝ゲットー（強制収容所）〟になっていて逃《に》げ出すことができません。一部のキリスト教関係者たちが脱北《だっぽく》を手助けしたりもしてはいますが、命からがら逃げ出したところで、たいてい撃《う》ち殺されます。

このように、「国外に逃げる自由がない国」というのは、基本的に「悪い国」だと考えなくてはいけないでしょう。そもそも国から逃げられず、逃げようとする者は、撃ち殺したり、あるいは、政治犯として収容したり、処刑《しょけい》したりする国は、「悪い国」なのです。もし、「よい国」であれば、国外に出ても必ず戻《もど》ってきます。戻りたくないのは、〝怖《こわ》い国〟だからです。実際に〝怖い国〟であることは間違いないでしょう。

このあたりは、簡単な判断基準として、ちょうど〝リトマス試験紙〟のような反応があると思います。

これは、ロシアに変わる前のソ連もそうでした。海外逃亡《とうぼう》させないように、そうとう厳しい対応をしていたはずです。

例えば、バレエ団とかピアニストとかが海外公演をしたり、オリンピックなどで、体操の選手等が海外へ行ったりしたときに亡命することがあるので、これを食い止めるために必死だったわけです。ひどいときには、「オリンピックでメダルを取って帰った人は一生安泰《あんたい》で年金も家ももらえるけれども、負けた場合には、強制収容所送りになったり、殺されたりする」という噂《うわさ》も聞いたことがあります。

やはり、こういう国はあまりよい国ではないでしょう。

基本的に、「居住移転の自由」、「職業選択の自由」、「海外渡航《とこう》の自由」というものがない国は、何かそのなかに悪を含《ふく》んでいると見て間違いありません。もちろん、「言論・出版の自由」、「表現の自由」等も同様です。

そして、最も大事なものは「信教の自由」なのです。

もし、「信教の自由」を認めないとなると、これは、「人治《じんち》政治」、つまり、「人間による、特定の人間のための政治」が行われていることを意味します。しかし、「人治」には限界があって、人間の性格や個性によって偏向《へんこう》が生じるのです。

やはり、「人間を超えた大いなるものが、人類をいつも導いているのだ」という謙虚《けんきょ》な気持ちを持っていないかぎり、間違いは何度でも起きてしまうのではないでしょうか。主義主張を立てたところで、「そのためにはいくら人を犠牲《ぎせい》にしてもよい」というような考え方が出てくるのであれば、非常に危険であると考えなければならないのです。

4 「国家社会主義」に向かっている安倍《あべ》政権

自由民主党は「国家社会主義党」に名前を変えては？

この日本の国を見ても、今回の衆院選で、自民党や希望の党が多数の議席を取るのかもしれません。もちろん、左翼《さよく》勢力が多数を取るよりはよいとは思いますが、それでも十分ではないと思うところがあります。

それは、「神の目から見た正義についての考えが極《きわ》めて弱い」ということと、もう一つは、「向かっている方向が、国家社会主義といわれるものに近づいている」ということです。

安倍《あべ》首相が、軸足《じくあし》を「吉田《よしだ》ドクトリン」のところからずらしていこうとしているのは分かるものの、それが、「自由」のほうではなく、「国家社会主義的な方向」に向かっているわけです。

「国家社会主義」とは、はっきり言えば、ナチズムでしょう。そちらのほうに移行しようとしているのが見えるのです。

これは、軍事統制下の国家がだいたいそうなりやすいのです。ただ、それと同時に、今の日本も、「ゆりかごから墓場《はかば》まで」という感じで、保育所や幼稚園《ようちえん》から大学まで、全部を国家で面倒《めんどう》を見ようとしています。さらに、年を取ってからも、老後は死ぬまで、老人福祉《ふくし》のほうで国家が面倒を見るというのです。そして、「そのために、消費税の増税はやむなしだ」と言っています。おそらく、これが十パーセントになり、十五パーセントになり、二十パーセントになると考えているのでしょう。それは分かっています。

しかし、すべてを国家で面倒を見ようという考え方は、「自由の放棄《ほうき》」になります。もはや、「自由民主党」という名前を改めて、「国家社会主義党」に変えたらどうでしょうか。

この考え方は非常に危ないと思います。一見すると、いいようにも思えるのですが、現実は逆になってくるわけです。

今、このような北朝鮮《きたちょうせん》危機のなかにあって、「次の消費税の増税分の半分ぐらいを、保育所や幼稚園の無償《むしょう》化等に充《あ》てるかどうか」というようなことを選挙の争点に出してきていますが、考え方として非常に小さいと同時に、「せこい」というか、「国民をバカにしているのか！」と言いたくなるところはあります。

幼稚園や保育所のあたりのことは、市町村レベルで自由にやらせて構わないでしょう。国家が口を出すことではありません。実際にどんな状況《じょうきょう》かを市町村レベルで判断し、それに対して許認可を与《あた》えるなり、緩《ゆる》くするなりすればよいのです。

そもそも、仕事をしたくて子供を預けなくてはいけない場合、隣《となり》近所に預けてもよいのではないでしょうか。隣の人に預かってもらっても、近所の人に預かってもらってもよいような問題だと思います。それを、施設《しせつ》で預かってもらおうとするから、文科省レベルの考え方が出てくるわけです。しかし、「全部の規定を満たさなくては、補助金が出せない」などと言い出されたら、全然先に進まないでしょう。

こうした、本来、市町村レベルで行うべき許認可などは手放して、できるだけ自由に近づけなければいけないと私は思います。このあたりは、非常に気になるところです。

さらに、小学校、中学校はともかく、高校の無償化を進め、大学も無償化しようとしていますし、気前のいいところは、私立の学校も無償化するようなことまで言っています。ただ、この格差是正《ぜせい》に正義があるかどうかについては、大きな問題があると思うのです。

財政赤字をつくっておきながら〝年貢《ねんぐ》〟を上げる〝自民党幕府〟

やはり、「税金を取り上げる」というのは、そうとうな強制力です。これは、国民にとって、〝死刑《しけい》の次に怖《こわ》い〟ぐらいのことかもしれません。例えば、徳川《とくがわ》幕府が、財政赤字をつくり、それを増税というか、年貢《ねんぐ》を納めさせて解決しようとしたら、農民は筵旗《むしろばた》を掲《かか》げて一揆《いっき》を起こしました。凶作《きょうさく》が続き、飢饉《ききん》も起きて、財政赤字が出ていたため、立て直しの改革を何度か行《おこな》ったものの、結局、失敗して、それが徳川幕府の潰《つぶ》れる原因になっていったはずです。

今の〝自民党幕府〟も、これだけの財政赤字をつくっておきながら、さらに〝年貢を上げよう〟としているところを見ると、いずれ倒《たお》れることでしょう。

しかし、そのあとの〝受け皿がない〟状態になってきているのです。もし倒れたら、左翼の側《がわ》に、もっと共産主義に近い人たちが待ち構えているので、この先は行き止まりだろうと思います。要するに、「いずれにしても、行き止まりだ」と見ざるをえないわけです。

したがって、考え方を変えなくてはいけません。政府は、お金を使うことが前提にあって、「これだけ欲《ほ》しい」とか、ばら撒《ま》く予定を立てて、「これだけ欲しい」とかいう言い方をしていますが、まずは、普通《ふつう》の企業《きぎょう》がするように考えてみてください。収入がなければ、資金効率をよくするために、いろいろな努力をするのではないでしょうか。

経費の削減《さくげん》をしたり、あるいは、資金の重点配分、傾斜《けいしゃ》配分をし、成長性の高いところや収入を生むところに資金を厚めに投入して、それ以外のところは少しずつ削《けず》っていったりします。人材についても、「適正な人事考課がなされているかどうか。無駄《むだ》な人をたくさん抱《かか》えていないかどうか」ということを検討します。

このように、自分たちでスリム化し、生き延びようとする努力を、どこの企業も行《おこな》っているはずです。

ところが、今の日本政府の場合、そういう努力をせずに、ただただ、「値上げをすれば、売上が増える」と思っている感じに近いので、極めて危険です。

安倍首相の頭のなかを疑ってはいけないと思うのですが、「『百円の缶《かん》コーヒーが消費税によって百十円になったら、十パーセント売上が増える。百億円の売上は百十億円の売上になる。だから、ＧＤＰが増える』と思っているのではないでしょうか。大丈夫《だいじょうぶ》でしょうか」と言いたくなります。疑いたくはないのですが、「小学生レベルの経済学の持ち主ではないのか」という疑いは、どうしても残るのです。

やはり、「缶コーヒーが百円から百十円になったら、それを買わなくなることがある」ということを忘れてはいけません。消費税は、絶対に取れるものではないのです。消費者には、もう一つ、「買わない」という選択肢《せんたくし》もあるからです。

安倍氏も小池《こいけ》氏も、「内部留保」が増える理由が見えていない？

東海道などの関所《せきしょ》では、そこを通らないと旅ができない人は必ず通行料を払《はら》いますが、「動かない（旅をしない）」という選択もありえます。

今、現実に起きているのは、そういうことです。お金が〝動かない〟のです。消費者の消費活動は活発ではありません。

また、企業は「内部留保」を増やしています。安倍首相は、「これ（内部留保）を外に吐《は》き出させなくてはいけない」というようなことを言っています。

小池《こいけ》氏も、「内部留保への課税」を言っています。「企業が内部に溜《た》めているお金を吐き出させたら、消費が進む。そのための刺激《しげき》として、内部留保にも課税する。そうすれば、企業は、賃金を上げたり、設備投資をしたり、株主に配当したりして、お金が出回るようになるだろう」というようなことを、希望の党は〝希望的な観測〟で言っているのです（会場笑）。

しかし、企業が内部留保を増やすのは、「もし自分たちの会社が経営危機に陥《おちい》っても、助けてくれるところはない」と思っているからです。このあたりは経営判断の問題です。いくらお金があっても使わず、投資もしないのは、先行きの見通しに不安があるからなのです。

このあたりについては、安倍首相にも小池氏にも、見方において非常に甘《あま》いものがあるのではないかと考えます。

5　民主主義を曲げているマスコミの見識のなさ

地方の首長が国政の討論会に出てくるのは、おかしなこと

さらに付け加えて言いたいことがあります。

「道州制」や「地方自治」も大事なことではあろうかと思いますが、国政選挙前の党首討論会に東京都知事や大阪《おおさか》府知事が出ていたことに、私はどうしても納《なっ》得《とく》がいかないのです。これは、おかしいのではないでしょうか。

なぜ、地方自治体の首長を務めている人が出てきて、国政に関する政策の議論をし、政権選択《せんたく》などについて言うのでしょうか。

こんなことを放置し、やらせているマスコミは、おかしいのではないでしょう

か。見識がないのではないでしょうか。はっきり言うと、〝狂《くる》っている〟のではないでしょうか。この国はおかしいのです。

幸福実現党を門前払《もんぜんばら》いにしているテレビ局や新聞社

もう一つ言わせていただきたいことがあります。

幸福実現党は、八年前に立党して以来、首尾一貫《しゅびいっかん》したことを言っています。また、主張してきている政策については、現実のほうがあとから追いかけてきて、今、それらが正しいことが証明されつつあります。

しかし、それに対して、マスコミはまったく言及《げんきゅう》しません。

税金として集めたお金を国から（政党助成金として）もらい、そのお金で選挙をやっている人たちがいます。彼らは税金で選挙をしているのです。税金をもらって選挙をしている人たちが、タダ（無料）で大手のテレビ局や新聞社の報道に数多く出て、宣伝しまくっているわけです。

ところが、幸福実現党は、税金（政党助成金）はもらえず、テレビ番組には出られず、新聞にも取り上げてもらえません。そのなかで選挙戦をやらなくてはいけないのです。ものすごいハンディがある戦いをやっているわけです。

これは、「民主主義の精神」に合っているのでしょうか。おかしいのではないでしょうか。

私は、たいへん申し訳ないことに、代わり映《ば》えのしない顔のまま、みなさんの前で、毎週、こうして話をし、それを全国に衛星中継《ちゅうけい》しています。また、その内容を本にして出版したりもしています。

〝ささやかで、ちっちゃなメディア〟ではありますが、宗教独自でメディアをつくらないかぎり、メディアを使った選挙戦をやれないのです。〝ちっちゃなメディア〟と言ってはいけないかもしれません。ある程度の規模はありますし、何もないよりは、あるだけまだましです。

しかし、この私の講演を、本会場で、あるいは衛星中継会場で聴《き》いていらっしゃるみなさん、幸福実現党の党首（釈量子《しゃくりょうこ》）はテレビに出られないのです。

幸福実現党をテレビに出さない。新聞に載《の》せない。これはマスコミの不文律《ふぶんりつ》です。そういうものが、ずっと前からあるのです。

これの背景にあるのは、憲法の「政教分離《ぶんり》」の規定と、報道の倫理《りんり》協定にある、「科学的でないものは取り扱《あつか》わない」というようなことです。こんなものがあるので、「宗教については、事件以外では取り扱わない」というのが、マスコミの上層部の基本的な考えなのです。

しかし、民主主義というのは、「いろいろな思想や信条の人が、いろいろな意見を自由に言える」というものだと思いますし、「一定の考え方の下《もと》に集まっている人たちの議論が、フェア（公平）になされる」ということが民主主義の担保《たんぽ》だと思うのです。

今の日本の選挙は、フェアではありません。この「フェアではないもの」に対して、私たちは、一円も税金をもらうことなく、自分たち独自のメディアで戦っているのです。

したがって、ハンディはそうとうあります。幸福実現党のみなさんは、けっこう苦戦していると思います。

どう見ても、小池《こいけ》さんより、東京1区で出る原口《はらぐち》みきさん（幸福実現党公認）のほうが、よっぽどかわいらしいですよね（会場拍手《はくしゅ》）。差別的なことを言ってはいけませんが、「しっかり見てくれ。頭だって、こっちのほうがいいよ」と言いたくなります。

ところが、マスコミが、役所のように「門前払《もんぜんばら》い」のかたちで幸福実現党を扱わないのは、やはりおかしいのです。「可能性は、どこにあるか」ということを、きちんと見るべきです。

そうしなければ、大手メディアは、国民の信頼《しんらい》を失って、いずれ潰《つぶ》れることになります。

6 「日本の進む道」を示す幸福実現党

「国防」「経済」「少子高齢《こうれい》化」「教育」で、今大切な方向性

今、私たちは「第三次世界大戦に続くかもしれない崖《がけ》っぷち」に立っています。

日本は、しっかりと「国是《こくぜ》」を立てるべきです。

「国家について正しい信条を持ち、近隣《きんりん》諸国との間に平和を築き、自国を防衛する」ということは、（国政を担《にな》う政治家が）やるべき義務です。責任転嫁《てんか》をして、これから逃《に》げることは悪なのです。そのことを、はっきりさせなくてはなりません。

また、経済的な発展においては、もう一度、二宮尊徳《にのみやそんとく》的な「自助努力の精神」

を取り入れ、「資本主義の精神」とは何かを見据《みす》えて、「やるべきことは何なのか」を考えることが大事です。

老後の問題についても、「やるべきことは何なのか。何のために家族をつくるのか」ということから入っていかなくてはなりません。

家族の責任とは何なのか。親が子供をつくっていた理由は何でしょうか。おそらく、昔は「老後の面倒《めんどう》を見てもらうため」だったでしょう。

しかし、子供が一人だけだと、〝当たり〟ではなく〝はずれ〟の場合もあるので、二人以上産もうとしたのでしょう。二人か三人を産んでおけば、一人ぐらいは親の面倒を見てくれるかもしれません。一人だけだと、〝はずれ〟の可能性がありますし、わがままになるので、「一人では駄目《だめ》かもしれない」と思い、二人、三人と産もうとし、それで子供が増えたのでしょう。

「少子化」は別に幼稚園《ようちえん》や保育所が足りないせいではありません。今は、子供がもう親の面倒を見なくてもいいような風潮になり、「老後については、国家が面倒を見てくれ」という投げやりなスタイルなので、少子化になっているのです。

家族や親族、友人その他の共同体において、「宗教的な絆《きずな》」がもっともっと深くなければいけません。それが大事だと私は思うのです。そういう絆があれば、その共同体をもっと信頼《しんらい》して生きていくことができると思います。

高齢《こうれい》の方には厳しく聞こえるかもしれませんが、「年を取った方を、国家が全部、面倒を見ればよい」と考え、国家に頼《たよ》りすぎると、どうなるでしょうか。それは、もっと少子化が進むことを意味しているのです。

それから、「学校教育の無償《むしょう》化」にも問題はあります。気をつけないと、親に対する感謝が子供からまったくなくなるのです。「生まれたら、そのあと全部、無料で教育を受けられるのだから、親には面倒を見てもらっていない」と子供に言われかねません。

かつては、親に弁当をつくってもらい、子供はそれを「うれしい」と感じていたのに、今では、「給食代も無料にしようか」という流れになっています。親切なのは結構なことですが、いろいろな面で国が子供の面倒を見ると、「親孝行の人」は全然いなくなり、核家族《かく》ばかりになるのです。

また、離婚《りこん》が当然のようになってくれば、結婚するのがバカバカしくなって、結婚しなくなり、ますます少子化は進みます。これだと、少子化は直らないのです。

もう少し、宗教心に基《もと》づく、きちんとした道徳教育と社会設計がなされなくてはいけません。

幸福の科学は、（『危機のリーダーシップ』を掲《かか》げて）こういう本を数多く出し、社会啓蒙《けいもう》を行《おこな》っているので、大人になってからも勉強を続けられます。

したがって、「余計な補助金を入れて変な学校をたくさんつくらないでください。そんなものは、ぶち切ってください」と私は言いたいのです。

国に害を流しているような学校の経営者的な人が、幸福の科学大学（現・ハッピー・サイエンス・ユニバーシティ）の設置を審査《しんさ》して「不認可」にしたので、私は本当に不愉快《ふゆかい》な思いをしました。

（文部科学省の大学設置・学校法人審議会の大学設置分科会）会長は、中国から賞をもらっている人でしたが、「大丈夫《だいじょうぶ》なのか。学問的な業績はゼロに等しい人ではないか」と思いたくなるような人が審査をしていたのです。本当に腹が立ちます。

“ご機嫌《きげん》取りの政治”はもう要《い》らない

この国の体制として、「もう一段、きちんと経営論理に則《のっと》って、やるべきことはやり、やるべきでないことはやらない。我慢《がまん》すべきところは我慢する。国民に対しても、（国に要求しても）無駄なことについては、しっかりと教育をする」ということが大事だと思います。

〝ご機嫌《きげん》取りの政治〟は、もうこれ以上、要《い》りません。世界的に見て当然のことを、当然のこととして言える国をつくらなくてはいけないのです。

そのためには、幸福実現党が、とにかく国会の一議席でも二議席でも三議席でも取ることが必要です。さらに、（政党要件の一つである）「得票率の二パーセント枠《わく》」を突破《とっぱ》して、もっともっと票を取ることが大事です。

希望の党は、「まだ党ができておらず、何もない」という状態のときにも、たくさん報道され、「百議席だ」「百数十議席は取れる」などと言われていました。なぜかというと、マスコミが期待しているからでしょう。そのほうが面白《おもしろ》いからです。

やはり、「正義」を一本通さなくてはいけません。「幸福実現党が勝つこと」が、この国を変える第一歩になるのです。
ぜひとも頑張《がんば》っていただきたいと思います。

第2章

国家繁栄《はんえい》の条件

二〇一七年十月十五日　説法《せっぽう》

大阪府《おおさかふ》・幸福の科学 大阪正心館《しょうしんかん》にて

1 マスコミが言えない正論を言い続ける

「朝日新聞」の広告審査《しんさ》の基準とは

今日（二〇一七年十月十五日）は、地元の大阪《おおさか》や関西地区だけではなく、衛星中継《ちゅうけい》が全国にかかっています。

十月二十二日の衆院選投票日までですと、公式の講演は、これが最後になるかと思うので、「言うべきことを言えればよい」と思っています。

いろいろなことを言い、話の内容が本講演の演題

本講演が開催された大阪正心館・礼拝室（大阪府・大阪市）の様子。

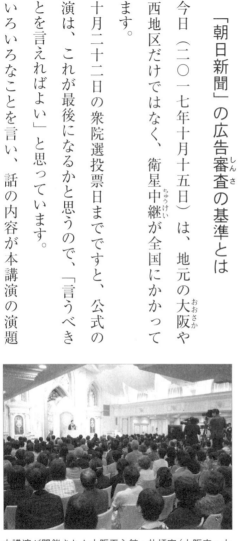

から外れる部分もあるかもしれませんが、それについては許してください。足りないところは、あとで、いろいろな方が補《おぎな》ってくださるかと思っています。

今日は、体裁《ていさい》としては、前回（本書第1章）と同じく、過去二回の法話《ほうわ》を収めた『危機のリーダーシップ』（幸福の科学出版刊）のセミナーも兼《か》ねています。

ただ、最新刊として、『守護霊《しゅごれい》インタビュー 金正《キムジョン》恩《ウン》 最後の狙《ねら》い』（幸福の科学出版刊）という書名で、帯には「Xデーが迫《せま》る北朝鮮《きたちょうせん》問題。」と書いてある、面《おも》白《しろ》そうな本も出ているので、これに関しても少しは触《ふ》れられればと思っています。

なお、地元の大阪など、名古屋《なごや》から西の地域で出て

10月15日付産経新聞（大阪本社版）に掲載された書籍広告。

いる産経新聞には、本日、『危機のリーダーシップ』『守護霊インタビュー 金正恩 最後の狙い』『吉田茂《よしだしげる》元首相の霊言《れいげん》』『徳のリーダーシップとは何か 三国志の英雄《えいゆう》・劉備玄徳《りゅうびげんとく》は語る』（いずれも幸福の科学出版刊）等の広告が出ています。

また、同じ掲載《けいさい》のなかで今日の講演会についても広告を出しています。

これらの書籍《しょせき》広告は名古屋以西《いせい》で出したのですが、東京では、朝日新聞にも、ほぼ同じような広告が載《の》りました。しかし、朝日新聞の広告のなかには、緊急《きんきゅう》発刊をした『守護霊インタビュー 金正恩 最後の狙い』の広告は載らなかったのです。

それで、理由を知ってはいるけれども、「なぜですか」と、わざと問い合わせをしてみました（会場笑）。そうしたら、「『守護霊インタビュー』という言葉が書名にある。金正恩氏はまだ生きている。生きている方の守護霊

『守護霊インタビュー
金正恩 最後の狙い』
（幸福の科学出版刊）

インタビューを出したら、本人の名誉《めいよ》を傷つける恐《おそ》れがある。亡《な》くなって、しばらくしたら出しても構わないけれども、生きている方は困る」とのことでした。これは朝日新聞の論理のようです。

朝日新聞は、「生きている人や、死んでまもない人の場合は駄目《だめ》です。死んで、しばらくたった人なら、もう名誉はないので、広告を出しても構いません。しかし、生きているときには名誉があるから、広告を出せません」という論理で判断しているわけです。

しかし、同書には内容的に非常に大事なことが書いてあり、「もしかすると、日本が占領《せんりょう》されたら〝朝日新聞〟しか生き残れないかもしれない」というようなことも（会場笑）、ある意味では間接的に書いてあるのです。そういう非常に大事な本なのですが、本人がまだ生きているから広告が載らないわけです。

これは、「朝日新聞にとっては、日本国憲法の定める『言論・出版の自由』よりも、『北朝鮮の金正恩最高指導者の名誉』という人権のほうが大切である」ということでしょう。

この広告を載せようが載せまいが、金正恩から訴《うった》えられることはないのですが、（載せると）「ミサイルが飛んでくる」ということはありうるのかもしれません。ここは〝面白い新聞社〟であり、いろいろな判断をするので、これを私は別に気にしてはいません。逆に、幸福の科学にすり寄ってくることもあります。

一九九一年ごろ、「講談社フライデー事件」（注。一九九一年五月より講談社が「週刊フライデー」誌上などで幸福の科学を誹謗《ひぼう》・中傷《ちゅうしょう》し始め、同年九月、それに対して信者たちが抗議《こうぎ》した出来事）のときには、逆に、朝日新聞だけが講談社を批判し、講談社の悪いところや事件をたくさん記事にして載せたりしました。

当時は、当会が、湾岸《わんがん》戦争に関し、「アラブの人たちもかわいそうだ」というような論陣《ろんじん》を張っていたので、当会にすり寄ってきて、こちらを応援《おうえん》してくれたわけでしょう。

そういうときもあったりして、ここは、あっちに行ったり、こっちに来たりする新聞社なのです。

今のところ、霊言の広告掲載に関しては、「本人が生きているか、死んでいるか」というあたりの基準で分けているようです。「吉田茂のように、かなり前に亡くなっている方の場合には、〝幽霊《ゆうれい》〟と認定して構わない」ということなのですが、生きている人の守護霊に関しては、「いるのか、いないのか、科学的にはまだ分かっていない」ということなのかもしれません。

ただ、もうそろそろ諦《あきら》めたほうがよいと思うのです。これだけ数多く出されたら、しかたがないでしょうし、内容には時事性もそうとうあるので、非常に大事なのではないかと思います。

「権力者の本心」「未来情報」が分かる幸福の科学の発信

マスコミなどは、金正恩の揺《ゆ》れる心の内を、〝現在進行形〟で知りたいでしょう。「現在ただいま、どう思っているか」ということを知りたいでしょう。しかし、それを日本では報道できません。なかなか表に出てこないから心の内が分かりませんし、取材をさせてもらえないからです。

したがって、こういう手段以外にないのです。

守護霊霊言の過去の実績から見て、ある程度の確率で本人の心の内を読めるのは分かっています。そういう意味で、「いろいろなところに、これで判断をしてもらおう」と思い、その材料を提供しているのです。

トランプ大統領や安倍《あべ》首相の意見は、かなり強硬《きょうこう》派の意見のように見えますが、彼らのやっていることが金正恩に対してかなり効いてきていることは、今回の霊言を見たら分かります。今までに出してきた「金正恩の守護霊霊言」と比べたら、〝変化してきている〟ところが見事に出てきています。

その霊言で質問者を務めた当会の理事長に、金正恩の守護霊は、「米を五十万トン援助しろ」などと露骨《ろこつ》なことを言っています。こういうことを言ったことは今までにないので、「だいぶ困っている」ということがよく分かります。

そういうなかで、明日《あした》（十月十六日）からアメリカと韓国《かんこく》の軍事演習等がまたあると思いますし、昨日《きのう》あたりの新聞を読むと、「北朝鮮のミサイルの移動式発射台が五つぐらい移動している」という情報もあって、今、また緊張が高まっている状況《じょうきょう》です。

将来を見通す意味では、私の法話や各種の霊言などは非常に大事であり、ジャーナリズムよりも、もっともっとジャーナリスティックな内容が入っています。

現実のほうが何年も遅《おく》れるのはいつものことなので、いずれ、何年もしてから、その意味がだんだんに理解されるのではないかと思います。

2 「自由」と「公平」が足りない日本の政治

法律や条例で「自由」を縛《しば》るのはおかしなこと

今日は、今回の衆院選投票日の前に政党絡《がら》みの話ができる最後の機会かと思っています。

ただ、聞くところによると、日本では、このような講演の場で投票依頼《いらい》をしてはいけないのだそうです。私は、一瞬《いっしゅん》、「へぇえ」と思いました。これには驚《おどろ》きを禁じえないのです。

選挙期間でないときには、投票依頼をしても意味がありませんし、逆に、選挙期間中には、投票依頼をしたほうがいいような気がするのですが、選挙期間中には投票依頼をしてはいけないのだそうです。

私は、「幸福の科学の総裁」だけではなく、「幸福実現党の総裁」でもあるのですが、投票依頼をしてはいけないわけです。

ですから、投票依頼はしません。みなさんは「いちばんいい」と思うところに投票したらよいと思います（会場笑）。みなさんが「いいなあ」と心のなかで思うところに投票してください。

日本では、法律や条例などで国民の自由を縛《しば》ることが非常に多く、「変だなあ。この国は本当に大丈夫《だいじょうぶ》かな」と思うことがたくさんあります。

「平等性」や「公平性」といったものを担保《たんぽ》しようとして、いろいろと「やってはいけないこと」を決めているのでしょうが、「それで本当によい方向に行っているのだろうか」と感じるのです。

バラマキ額が巨額《きょがく》であれば〝買収〟にならない日本の政治

前回の講演（本書第１章参照）でも述べたのですが、〝公党〟といわれているところは、堂々と〝税金（政党助成金）〟で選挙をやっています。民進党にも百五十億円もの税金が出ていて、そこから分裂《ぶんれつ》したところが、今、これの〝分捕《ぶんど》り合戦〟をしているわけです。

自民党にも、もっと税金は出ています。自民党は、銀行から借金をしていて、それを返さないまま走っていますが、さらに国からは税金が出ており、税金で選挙をやっています。

今回の選挙で、国としては、また税金が五、六百億円ぐらいはかかるのだと思いますが、〝公党〟も税金で選挙をやっているのです。

その「税金で選挙をやっている人たち」が、いつも、テレビにはＮＨＫの七時のニュースに出演できますし、ほかのニュース番組でも、党首の街宣《がいせん》などをトップで流してもらえます。また、党首対談もやってもらえ、新聞には一面に記事を載《の》せてもらえるのです。

一方、幸福実現党のように税金（政党助成金）が入っていないところは、党首を報じてもらえませんし、対談にも出してもらえません。さらには、「自分のところの宣伝をするのはいけない」というようなことを言われたりするので、どうもフェア（公平）ではないような気がしてしかたがないのです。

また、すでに権力を持っているところのほうが、（有権者を）〝買収〟しやすいと言えます。小さなお金というか、千円札などを撒《ま》いたら買収で罪になるのに、国家予算で「兆の単位」のお金を撒いた場合には買収になりません。これは公党の政策であって、買収の罪にはならないのです。

ところが、ほんの一万円でも五万円でも相手に渡《わた》れば、それは買収に当たるのです。気をつけなければいけません。みなさん、気をつけてくださいる（会場笑）。兆の単位のお金だと、マルの数が数えられないので罪にはならず、マルが三個か四個で数えられるお金の場合には買収になります。

これは、「小さなところほど捕《つか》まる」ということです。昔からそうなのです。大きいところは捕まらず、小さいところは捕まるので、大きくならなければいけないのだろうと思います。金魚は小さいと食べられてしまいますが、鯉《こい》のように大きくなったら食べられなくなります。それだけのことです。

結局、「何であれ、やはり、『大』を目指さなければ、いいことはできない」ということかと思います。

3　元東大名誉《めいよ》教授・宮沢俊義《みやざわとしよし》の悪影響《えいきょう》とは

宮沢俊義の影響が左翼《さよく》法律家を〝量産〟している

前回、東京正心館《しょうしんかん》での講演（本書第1章参照）では、吉田茂《よしだしげる》の霊言《れいげん》を使いながら、次のようなことを述べました。

「『吉田ドクトリン』が、戦後の日本の発展の条件をつくり、また、平和国家としての条件をつくった」と固く信じられていますが、その〝神話〟が、実は、日本を左傾《さけい》化させ、国際的には、日本がやや孤立《こりつ》するような状況《じょうきょう》を生んでいます。それは、日本が国としての主権を護《まも》れない状況になっている元凶《げんきょう》なのだ、ということです。

●吉田ドクトリン　1946～1947年、および1948～1954年の首相であった吉田茂がとった方針のこと。戦後復興の指針として、国家の最優先課題を経済発展とし、日本の安全保障は米国に依存することで軍備費を削減するという戦略で、その後の日本の国是ともなった（本書第1章参照）。

さらに、今日はもう一つ、やや別な観点からも話をしなくてはいけないと思っています。

産経新聞が、一昨日《おととい》と昨日《きのう》、●宮沢俊義《みやざわとしよし》などの憲法学に関する記事を掲載《けいさい》していました。

この人は東大の憲法学の〝権威《けんい》ある先生〟だった人で、この人の弟子《でし》が、だいたい司法試験の委員などになっています。

ただ、この人から流れ出ている憲法学は左翼《さよく》憲法史観に基《もと》づくものなので、司法試験等に受かる人の多くは左翼の人ですし、（東大で）憲法の授業を取った人は、たいてい左翼になっています。こういう人たちが裁判官や弁護士、検事、官《かん》僚《りょう》になったりしているので、実に困るのです。

「受講者が司法試験にいちばん数多く受かっているのではないか」と思われる、伊藤某《いとうぼう》氏の司法試験塾《じゅく》が渋谷《しぶや》などにありますが、この人は、大学で私の一年ぐら

●宮沢俊義（1899 ～ 1976）　憲法学者。東京大学名誉教授。終戦後、貴族院議員として、日本国憲法の審議に参加。その後、憲法問題研究会を組織し、護憲運動を進めた。特に、大日本帝国憲法から日本国憲法への移行を法的に解釈した「八月革命説」が有名。『現代の法難④』（幸福の科学出版刊）参照。

い後輩《こうはい》に当たると思います。

ここは、「塾長の教える憲法は左翼の憲法なので、憲法の授業は取らないで、ほかの科目を取ればよい」とよく言われているところです。ここでも、左翼の憲法を教えているのです。

したがって、今、「法律家」といわれている人たちは、基本的に「左翼」になっています。そういうものを教わってきていますし、それを取らないと、司法試験等に受からないのです。

このように、けっこう厳しい状況が続いているので、「これを打ち破らなくてはいけない」と思っています。産経新聞は、少しそれと戦っているようですが、私もそうです。

政治家としての吉田茂は、最初は「ウルトラ保守だ」と、マッカーサーのGHQ（連合国軍最高司令官総司令部）に言われた人でした。

しかし、今、吉田茂の霊が言っていることは、結局、立憲民主党や社民党、共産党が言っていることと同じであり、今であれば、これらの党からでなければ立候補できないようなものになっています。自民党のもと（源流）になった人が、今、そこまでズレてきているのです。その軸《じく》がズレていることを知らなければいけません。

宮沢俊義の「八月革命説」には嘘《うそ》がある

宮沢俊義という、憲法学者で東大の教授だった人は、日本国憲法の権力の根源として、「八月革命説」というものを唱《とな》えました。

それは、「一九四五年、敗戦の年の八月に革命が起きたのだ。この革命によって主権が天皇から国民に移り、新しい憲法が国民によって制定されたのだ」というような説です。これが通説に近い考え方なのです。

しかし、これには嘘《うそ》があります。

「革命」というと、通常、国民が蜂起《ほうき》して政府を引っ繰《く》り返し、新しい憲法を立て、フランス憲法のようなものが立った感じに見えるものでしょう。しかし、日本の場合、そうではないのです。占領《せんりょう》され、マッカーサーのＧＨＱから「これを憲法にせよ」と言われて、英語をそのまま日本語に訳しただけなのです。

したがって、別に「革命」でも何でもないのですが、そういう考え方がまかり通っています。

日本国憲法を定めた当時は、まだ「共産主義」と「占領軍の思想」とが極《きわ》めて近かったのです。「日本を弱くする政策」をとろうとしたら、それは基本的に、共産主義と変わらなかったわけです。

したがって、そのときには共存できたのですが、終戦の五年後に朝鮮《ちょうせん》戦争が起き、共産主義との戦いが始まると、マッカーサーは考え方が変わりました。そして、「日本国憲法を変えたほうがよい」と言ったのですが、吉田茂は、憲法を変えずに〝頑張《がんば》った〟のです。

そして、今の日本国憲法に関しては、「日本国民の総意でつくったものだから、国民の承認を得ている。国民がつくったものであるから、変える必要はない」という考えも、ずっと強かったと言えます。

難しいことを言えば、そのような経緯《けいい》もあるのですが、客観的に見るかぎり、若干《じゃっかん》、「情けないな」と思う面はあります。

しかし、しつこく何度も言いますけれども、朝日新聞は、金正恩《キムジョンウン》の守護霊《しゅごれい》霊言の広告を載《の》せてくれません。この大阪《おおさか》にも朝日新聞の大きな本社が建っていますが、それを見て、「儲《もう》かっているなあ」と思いながら、その横を、ここに来るときに私は車で通ってきました。

金正恩の守護霊インタビューのなかで、「日本は憲法九条を永久に護《まも》ってくれ」

と金正恩の守護霊は言っていました。「それを、この地球が終わるまで護ってくれ」と言っています。それから、「北朝鮮以外の国が、全部、できたら『憲法九条』を採用してくれるとよい。特にアメリカが採用してくれるとよい」とも言っています。

どうも、「憲法九条を護れ。死守せよ。一字も変えるな」と言っている人たちは、金正恩にとっては非常に都合《つごう》のよいことを言っているらしいのです。

金正恩の守護霊は、立憲民主党の議席数が伸《の》びることをすごく喜んでいて、「(立憲民主党の首相が)いいんじゃないか」「共産党の首相もいいんじゃないか」とも言っています。

この言論の違《ちが》いを、よくよく知っておいたほうがよいと思います。

今、日本に脅威《きょうい》を与《あた》え、日本の国民に避難《ひなん》訓練をさせている人が「いい」と言っている制度を、日本国民も「いい」と言っているのは、どういうことでしょうか。そのことを、もう少し考えなければいけません。「日本国民は自分たちの立場を客観的に理解していない」と思えるのです。

「日本という国が持っている力」と、「日本が国際的に置かれている立場」を、もし白紙の状態から素直《すなお》な心で考えるとしたら、どういう国家を思い浮《う》かべるでしょうか。

それを考えたとき、現状において、それから大きくズレているものがあったら、そのズレは正しいのかどうか、一度、考える必要があるのではないかと思います。

4　経営の正しい「考え方」が、組織も国家も繁栄《はんえい》させる

松下幸之助《まつしたこうのすけ》氏の「無借金経営論」「無税国家論」

今、述べたように、憲法の問題は大きいと思うのですが、憲法には、九条以外にも、実は問題がないわけではありません。ただ、条文を言うと、細《こま》かすぎて分からない方が多いので、それはやめ、地元の話に持っていきましょう。

大阪《おおさか》では松下幸之助《まつしたこうのすけ》さんが有名です。

幸之助先生は、戦後、「ＰＨＰ運動」（繁栄《はんえい》によって幸福と平和をもたらそうとする啓蒙《けいもう》運動）を始められ、出版社もつくられました。それから、その流れのなかで、八十五歳《さい》ぐらいのときに松下政経塾《せいけいじゅく》をつくられて、政治家を養成しようと

しました。

幸之助氏の霊《れい》は、「百二十歳まで生きられたら、政党もつくろうと思っていたけれども、九十四歳で〝若死に〟してしまい、残念だ」と言っておられました（『松下幸之助　日本を叱《しか》る』〔幸福の科学出版刊〕参照）。百二十歳まで生きたら、政党をつくれたかもしれないのに、それより早く死んでしまったため、つくれなかったそうなのです。私は幸之助先生からうらやましがられています。「まだ時間があっていいね」と言われているのです。

その幸之助先生のご意見のなかに、「無税国家論」というものがあります。

旧民主党の野田《のだ》（佳彦《よしひこ》）元首相は松下政経塾の第一期生ですが、野田首相のときに、民主党と自民党、公明党による「三党合意」がなされ、

松下幸之助（1894～1989）　松下電器産業（現パナソニック）の創業者。丁稚奉公から身を起こして日本を代表する企業を育て上げた。「水道理論」や「ダム経営」をはじめ、その経営思想は多くの経営者から信奉され、「経営の神様」と呼ばれるようになった。PHP研究所、松下政経塾の創立者でもある。

マスコミも合意の上で、「消費税率を八パーセントに上げ、そのあと十パーセントに上げる」という、二段階上げの構想がまとめられました。

このときには、幸之助先生の霊は怒《いか》り心頭《しんとう》に発しておられました。生前、松下政経塾やＰＨＰで「無税国家論」を一生懸命《いっしょうけんめい》に説いておられたからです。

当時、日本の国は、地方自治体も含《ふく》めてですが、政府の借金がどんどん増えていき、百兆円ぐらいになっていたと思います。

幸之助氏は、「これはおかしい。企業《きぎょう》経営で考えても、こんな経営が成り立つはずはない。借金が膨《ふく》らんでいくだけでは絶対に潰《つぶ》れる。考え方を変えるべきだ」ということを、当時、松下政経塾で、政治家志望の人たちに教えていました。

これは、幸之助氏のいちばん大事な教えの一つだったのです。

『沈みゆく日本をどう救うか』
(幸福実現党刊)

「無税国家論」は、これだけでもすごいことです。要するに、「税金が要《い》らない国家をつくれ」ということです。

このような国家は実際にあります。例えば、ドバイ（アラブ首長国連邦《れんぽう》の構成国の一つ）がそうです。ドバイは、石油がドーンと採れ、それで食べていけるような国なので、国民から税金を取る必要がありません。国民から税金を取らず、公共サービスは無料なのです。そういう国が実際にあることはあります。

ただ、「それは、資源が豊かなところではありえても、日本のように資源がないところではありえない」と、普通《ふつう》は思うものです。

しかし、会社のレベルで物事を考えてみると、どうでしょうか。

もちろん、借金をして事業を回転させている会社もありますし、借金を重ねていき、最後には、潰れたり、夜逃《よに》げをしたりする会社もありますが、黒字を出している会社もあるのです。また、ごくまれにではありますが、「無借金経営」というものが成立している会社もあります。

そうした「無借金経営を目指す」という考え方をつくられました。

ただ、戦後、松下電器にも税金が払《はら》えない状態だった時期はあります。新聞に「公職追放」と載《の》ってから、「税金の滞納王《たいのうおう》」ということを報道されたりしたのです。幸之助氏は、それが悔《くや》しくて、黒字を出して長者番付《ちょうじゃばんづけ》に載るように頑張《がんば》り続け、長年、一位を守られました。

松下幸之助氏の精神的継承者《けいしょうしゃ》・稲盛和夫《いなもりかずお》氏の経営力

その松下幸之助氏の教えを聞いて、京セラをつくったのが稲盛和夫《いなもりかずお》氏です。第二電電《でんでん》（現ＫＤＤＩの前身）もつくられて、最近ではＪＡＬ《ジャル》の再建もしています。赤字になって倒産《とうさん》状態となったＪＡＬの再建を八十歳近くになって引き受け、三年で再建してサッと去っていかれました。

当初、内部にいる人々からは、「（稲盛氏は）航空業界はまったくの素人《しろうと》だから、そんなことはできるわけがない」と思われたわけです。ところが、よそからパッと来て、航空業界については何も知らなくても、その経営力によって、やるべきことを指示したら、二、三年であっという間に黒字転換《てんかん》できてしまいました。あれを見て、私も、少し驚《おどろ》いたところはありました。

この稲盛和夫氏も、精神的には松下幸之助氏の継承者《けいしょうしゃ》でしょう。すなわち、「ダム経営」や「無借金経営」型の経営というものを引き継《つ》ぎ、京セラをつくった方です。

第二電電の設立に関しては、京セラ創業以来、「ダム経営」をしてキャッシュ（現金）を貯《た》め、一千数百億円が貯まったところで、幹部社員を集めて、このような打診《だしん》をしています。

『稲盛和夫守護霊が語る仏法と経営の厳しさについて』（幸福の科学出版刊）

「今まで、みなさんのご苦労もあって、『売上最大・経費最小』型の経営を続けてきたら、一千億円以上も資金が貯まった。せっかくこれだけ貯まったところですまんけれども、わしのわがままやと思うて聞いてくれるか。

今、電電公社（現NTTグループの前身）が独占《どくせん》事業でやっているが、日本の電話料金はすごく高い。やはり、日本にも競争する会社がないと駄目《だめ》になるから、電話料金を下げるためにも『第二電電』というものをやりたい。ついては、京セラで貯めたキャッシュのうち、一千億円をわしに自由に使わせてくれんか」

このように了解《りょうかい》を求めました。

すると、社員たちからも、「まあ、稲盛さんがつくった会社やから、好きにしてくださって結構です」という承諾《しょうだく》を得ることができ、第二電電をつくって、大NTTに競争を挑《いど》んだわけです。

その結果、やはり、電話料金が下がって安くなりましたし、以後、いろいろなものでド下がっていっています。

それは大きな改革だったと思いますが、いわゆる〝巨人《きょじん》〟に挑んでやり遂《と》げました。

このように、「経営力」というものは、けっこう力があるわけです。

ＪＡＬにしても、当時の組合は八つもあって、組合同士で喧嘩《けんか》をしていたり、どこの組合がストライキをやっているのか、外部からはよく分からないような状《じょう》況《きょう》でした。「別の組合に所属している乗務員が乗ると、一部の人が働かない」ということがあるなどして、非常に感じが悪い時代だったと思います。

そのようななかで、外から来た人が取り組むことによって、ようやく改革をすることができたのです。最初は、みな、ブーブーと言っていたものの、あっという間に経営改善ができたので、驚いてしまったわけです。

やはり、「経営力というものはある」ということでしょう。まったくの借金企業で、組合が八つもあるようなところであっても、ほんの二、三年で立て直してしまうようなことが、現実にありました。

経営的なインスピレーションをも受けて発展した幸福の科学

ここで私自身のところを例に引くのは、少々おこがましいことかとは思いますし、「幸福の科学は宗教だから、一般《いっぱん》企業と同じではない」と言われればそのとおりなのですが、インスピレーションとしては、いちおう、私も、松下幸之助氏や稲盛和夫氏等と似たような考えを受けていたので、なるべくそのようにしようと思ってきました。

彼らが言うには、その「ダム経営」とは、例えば、貯金という「お金のダム」、それから、さまざまな「アイデアのダム」、あるいは、「製品のダム」「在庫のダム」など、いろいろなもののダムをつくっておけば、台風が来てもすぐには田畑が冠水《かんすい》しないように、ダムの水量を調節することで対応できるようになるというものです。「彼らの行《おこな》ったダム経営』というものを、当会でもやってみよう」と志《こころざし》を立てて、私も実践《じっせん》してきたのです。

おかげさまで、幸福の科学は立宗《りっしゅう》三十一年になりますが、本講演の会場である大阪正心館《しょうしんかん》をはじめ、全国の精舎《しょうじゃ》や支部精舎については、銀行から一円も借りることなく建てています。また、当会のグループである幸福の科学学園那須《なす》本校や関西校についても、一円も借金せずに建てています。海外拠点《きょてん》等についても同様です。

さらに、今、「森友《もりとも》・加計《かけ》学園問題」などといって、

ハッピー・サイエンス・ユニバーシティ（ＨＳＵ）は、「人間幸福学部」「経営成功学部」「未来産業学部」「未来創造学部」の４学部からなる。千葉県長生村《ちょうせいむら》（左）と東京都江東区（右）にキャンパスがある。

「国の税金から幾《いく》らもらって学校を建てるか」といったことで大変な騒《さわ》ぎになっていますが、HSU（ハッピー・サイエンス・ユニバーシティ）についても、税金からは一円ももらうことなく、自分のところの積み立てたお金で運営しています。

そのようなわけで、「『そういうふうにするものだ』と思えば、それなりにできるようになってくる」ということであり、自分自身も実験してきたことなのです。

経営マインドを理解しない宗教団体が、今、数多く潰《つぶ》れつつある

では、「これは宗教だからできたことなのか」といえば、そんなことはありません。今では、日本の宗教も、お寺はコンビニと同じぐらいの数があるとも言われていますが、それほどの数があるということは、「競争が激しくて潰《つぶ》れている」ことを意味します。今、激しく潰れているのです。

特に、今、お金がなくなってきた人たちのなかには、節約のために葬儀《そうぎ》代のところで浮《う》かせようとするといった話もあります。葬式で四百万円も取られたりするのはかなわないから、これを代行業者でもう少し安く済ませようとする人もいるようです。

あるいは、戒名《かいみょう》をもらうのに、従来であれば、場合によっては何百万円も取られることもあり、戒名の位《くらい》によっては、五百万円、三百万円、百万円など、違《ちが》いがありました。

また、その戒名を付けるのにも、「その人の名前や過去の履歴《りれき》等をコンピュータに入れると、漢字をうまく組み合わせて戒名を自動的に打ち出してくれる」などというコンピューターソフトを売り出した会社もあるそうですが、まったくありがたみがありません。「名前や経歴、職業など、いろいろなキャリアをコンピューターに入れると、それに関係のある漢字を組み合わせて、自動的に戒名を打ち出してくれる」というような話をテレビ番組で観《み》ましたが、そういうソフトがあれば、何百万円も払う気が起きなくなってくるでしょうから、この部分もカットされ始めます。

最後には、「法事《ほうじ》も要らない」などということで、自然葬のようなものをする人も出始めていますが、要するに、これもカットされているわけです。

そのため、今、お寺も潰れ始めていて、今後はかなり減っていくだろうと推定されます。

私が住んでいる都内の一帯なども、かつての寺町《てらまち》のようなところで、お墓《はか》がたくさんあったのに、そこにブルドーザーが入り、お墓がガーッと片付けられてしまっています。おそらく、どこかに集合墓をつくってそこに骨を集め、まとめて供養《くよう》することにしているのでしょう。

そして、墓地の跡《あと》にはマンションが次々と建てられています。しかし、誰《だれ》でも墓場だったところの上には入りたくないので、以前のことを知っている地元の人にとっては、恐《おそ》ろしくてブルブルッとするようなところがあるのです。ただ、東京の場合、よその地域からも大勢の人が来るので、そのことを知らずに、マンションが建っているときにポンと入居するのでしょう。

地元の人間としては、「ああ、恐ろしいところに入っている」と思うのですが、高級マンションだと思って、平気で住んでいる人がいるわけです。もともとはお墓がたくさんあったことを知っている人であれば、「ちょっと怖《こわ》いなあ」と思うのですが、平気で入っているようではあります。

もちろん、「土地の有効利用」と言えば、そのとおりなのでしょうし、今は、お寺も、マンション開発業者に売るのが最も効率的な利益のあげ方になりつつあり、どんどん潰れているような状況にあります。

したがって、宗教だからといっても、必ずしもうまくいかないのです。

日本の十大宗教、ないしは二十大宗教などといわれるようなところでも、だいたい、百億円ぐらいの本部施設《しせつ》や本殿《ほんでん》、あるいは、二百億、三百億円レベルのものを建てるときには、ほとんどの場合、銀行から融資《ゆうし》を受けています。しかし、九〇年代のバブル崩壊《ほうかい》以降は、担保《たんぽ》価値が下がって返せなくなり、苦しんでいるところがけっこうあります。それは、かなり大きなところです。

名誉毀損《めいよきそん》になるといけないので名前は挙げませんが、某《ぼう》宗教では、京都の山《やま》科《しな》に銀行から八十億円ぐらいの融資を受けて本山《ほんざん》をつくったようですが、「何だ、八十億円で建てるのにも融資を受けたのか」と思うところはあります。やはり、それほど簡単なことではないようであり、銀行から借りてやっているわけです。

それから、熱海《あたみ》にある大きな某宗教も、美術館のような大きな建物を建てるのに百五十億円ほど融資を受けたものの、バブル崩壊によって担保価値が下がったために、たいへん苦しい思いをしたようです。

そのように、宗教にも、「経営力」の問題は同じように来ているので、それほど簡単なことではありません。

まず、「無借金経営をしよう」と思う「考え方」が大切

基本的には、まず「考え方」があって、できるだけそのようにしていこうと思って努力を続けることで、だんだんそれがかたちになっていくのです。

ところが、最初から、「借金でやっていこう」とか、「借金は返さずに、それを回転させていくことでやろう」などと考える人も大勢いるわけです。

そういうことは大きな企業にもよくあることですが、「毎年同じぐらいのお金を借り続け、返してもまた同じ額のお金を借りるというように回転させ、利子だけ払えば事業ができる」というような考えもあるでしょう。ただ、以前のように、何らかの理由で土地の価格が下がった場合、「返せ」と言われたときに返せなく

なって、倒産するところが数多く出てくることになりかねません。つまり、いざというときに危機管理ができないこともありうるわけです。

そのようなわけで、考え方というものは非常に大事なのです。例えば、「無借金経営をしよう」と思えば、基本的に、それに近づいていくことはできるのだということです。

もっとも、すべての会社が完全に無借金経営になれば、銀行はただでさえ危ない状況で、潰れる恐れもあるので、こういうことをあまり言いすぎてもいけないところがあるかもしれません。

ただ、やはり、無借金経営はそう簡単にできることではないので、まずは、「思いの力」と「構想力」と「現実の努力」の結果として、そうなっていくことが大切だと言えるでしょう。

そのためには、どうしたらよいでしょうか。

基本的には、「無駄なものにはお金を使わない」ということです。

また、自分で手金《てがね》をつくったり、自分で稼《かせ》いでつくったりしたお金を大事に大事に使いながら、それを大きくしていくことを考える必要があります。つまり、「もっと成長しそうなところにお金を使い、無駄なところは削《けず》っていく」といった感じでしょう。

それから、従業員を雇《やと》うにしても、よく仕事をする人にはきちんと給料を払えばよいと思いますが、その一方で、昔は働いたものの、ずっと長くいるうちに、あまり働かなくなっているような人にまで高い給料を払い続けていると、会社の採算が悪くなります。

生前、松下幸之助氏が書いたもののなかに、「倒産した大手の会社を七十五社ほど調べてみたところ、そのすべてが人材の問題だった」というような話もありました。

それはどういうことなのでしょうか。

例えば、二代目の社長が立ったときに、先代のときに幹部だった人たちもまだ残っているのだけれども、力が足りないために、辞《や》めてもらいたくても辞めてもらえず、高い給料を出して残ってもらっていることがあるわけです。ところが、会社もだいぶ変わってきているので、やり方を変えようとしても、そういう人たちが言うことをきいてくれないといったことで、倒産する会社がたくさん出ているというのです。そのようなことが述べられていました。

「会社の寿命《じゅみょう》は三十年」と言うだけあって、やはり、変化をかけていかなければなかなか続かないので、それは非常に難しいところです。その人を、本当にきちんと適材適所で使えるかどうかというのは、極《きわ》めて難しいことでしょう。

5　国家における繁栄《はんえい》と国防の関係とは

今の政治家は一人当たり一・五兆円の〝借金〟で当選を続けている

ここまで述べてきたような考えをもって、今日《こんにち》の政治について見てみると、一つ言えることがあります。

今の国家は地方自治体も含《ふく》めて約一千百兆円の債務《さいむ》がありますが、これは「国民の借金」ではなく、「国民からの借金」が一千百兆円あって、政府と地方自治体を運営しているということを意味しています。これはすごい数字でしょう。

現在、国会議員の定数は、衆議院が四百六十五人、参議院が二百四十二人で、合わせて七百七人ですが、債務が一千百兆円であれば、「国会議員一人当たり一・

五兆円程度の借金をこしらえている」と見てもよいのではないかと思います。

すなわち、長く政治家をしている人は、国民に対して一人当たり一・五兆円の借金をして、当選を重ねていると見ることもできるのではないでしょうか。

結局、「バラマキ」とよく言われるように、「権兵衛《ごんべえ》が種まきゃ……」ではありませんが、それで「実が育つ」分にはよいとしても、実際には、単なる人気取りや目先の利益のために行われていて、国のためになっていないものに〝まかれたもの〟が多かったということだと思うのです。

「国防」への投資は、自由貿易と国民の生命・財産を守る

その一方で、例えば、「国防」のためにお金を使うことなどは、一見すれば、一円も儲《もう》からないようにも見えるかもしれません。しかし、現実はそうではなく、国防がしっかりしていないところでは自由貿易も自由にできないところがあるわ

けです。

すなわち、国防がしっかりしている国であれば、外国とも対等の交渉《こうしょう》ができますが、防衛力がなかったら、軍隊を持っている外国と交渉する際に、自由貿易ができなくなることを意味しています。それは、相手が恫喝《どうかつ》してきたら、呑《の》まざるをえなくなるからです。そのような、非常に怖《こわ》いことになるでしょう。

したがって、「国防」は国富を生んでいないかといえば、そんなことはなく、実は、自由貿易を守り、国民の生命・財産を守るためには非常に必要なものであって、決して無駄《むだ》ではないということなのです。そのことを忘れてはいけないと思います。

自衛隊なども、災害救助隊として、台風などのときに洪水《こうずい》のなかを行くといったことだけが仕事ではないのです。

もちろん、そういう仕事も大切なことではあるし、有事以外のときにはそういうものが訓練にもなる面はあるでしょうが、実際には、やはり、外国からの侵略《しんりゃく》等を用心しなければなりません。これも、国民や財産を守っていることになるわけです。

結局、これは、宝飾店《ほうしょく》等にガードマンが立っているようなものであり、そういう人がいなければ、たちまち、一億、二億と強盗《ごうとう》されることにもなりかねません。そういった意味では、必要なことであるのです。

東京にユダヤ資本が入ってこない理由とは

また、金融《きんゆう》財産等が守られない国であれば、外国資本も入ってきにくいところがあります。

日本においては、東京のようなところであっても、いまだにユダヤ資本等が本格的に入ってこないのは、そのためでしょう。ユダヤ資本が入ってこない理由は、やはり、国防力が弱いからなのです。現状の日本では、万一《まんいつ》、外国からの攻撃《こうげき》を受けたりしたときに、財産を保全することができません。彼らも、そういうところにはお金を置きたくないでしょうし、そこで大きな仕事はしたくないはずです。そのようなわけで、日本にはユダヤ資本があまり入ってこないわけです。

つまり、国のなかにユダヤ資本が入っているかどうかを見たときに、彼らが入ってきているようであれば、「安心な国」であるということも分かるので、そういったところをよく見極《みきわ》めておかなければならないと思います。

6 国家繁栄《はんえい》を実現する政策とは

よく考えるとありえない「単年度予算主義」

日本国憲法のなかには、いわゆる「単年度予算制度」についての規定がありま す。あまり専門的になってもいけないでしょうが、要するに、「その年に入った 税収は、その年のうちにすべて使ってしまう」という原則が、憲法には規定され ているのです。

つまり、「お金が入ったら入っただけ、その年のうちに使う」というわけです が、みなさんの家計でも、そういうことはありえないでしょう。今年度の収入は すべて今年度中に使い切ってしまわなければならないとすれば、どうでしょうか。

もし、「四月から翌三月までに入った給料を、その年度のうちに全額使わなければならず、残してはいけない」というのであれば、それは、使ってしまうしかありません。

そのようなわけで、毎年三月になると、あちらでもこちらでも道路の掘《ほ》り返しをしています。そうして〝予算消化〟をなさっているわけですが、こうしたものは最もよくないことなのではないでしょうか。これがあるかぎり、絶対に黒字にはならないのです。

やはり、景気には変動があるので、景気がよければ、当初、計画していたものよりも上振《うわぶ》れて税収が増えるときもあるでしょうし、景気が悪ければ、税収が減るときもあるでしょう。

しかし、税収が減って予算が足りなくなると、すぐに国債《こくさい》等を発行して、そこを埋《う》めるようなことをするわけです。一方、バブル期と言われたときなどには、余分に税収がたくさん入っていたにもかかわらず、余分に入ったら入っただけ、すべて使っていたのです。これがいけません。

そういうことがいちばんいけないところであって、これは「会社ではありえないこと」ではないでしょうか。やはり、予想していたよりも多くの収入があったら、それをしっかりと留保するでしょうし、もし、収入が足りなかったときには、それを使うことによって会社をもたせようとするでしょう。

「無税国家」よりさらに進んだ「配当（収益分配）国家」とは

一九八〇年代に、松下幸之助《まつしたこうのすけ》氏もそのようなことを述べています。「国の予算の剰余金《じょうよきん》の八十パーセントずつぐらいを、年々積み立てていけば、おそらく、二十一世紀末には一千兆円程度の内部留保ができていて、もはや税金が要《い》らなくなっているはずだ」というようなことを述べていました。

そうした「無税国家」という発想もすごいのですが、「無税国家」よりもさらに進んだことまで言っています。それは、「配当（収益分配）国家」もありうるということです。国が儲《もう》かったら国民に配当しても構わない、要するに、「くれる」というわけです。

これは考え方としては当然でしょう。株式会社であれば、株式を買ってくださり、お金を貸してくださる株主がいるわけですが、それで事業が成功したら、株主に対し、配当金としてお返しします。

この考え方からして、国の事業であっても、それを行い、利益を出した場合には、その分、お返しすればいいのであって、それは、国債の金利のようなものだけではなく、配当を出してもいいわけです。

そのように、幸之助先生は、「配当国家もありえる。国民が国にお金を貸したら儲かるようなこともありえるのではないか」と、そこまで踏《ふ》み込《こ》んだことを述べておられたと思います。

これについて、松下政経塾《せいけいじゅく》を出て国会議員になった人たちは、今、誰《だれ》も何も言いません。しかし、天上界《てんじょうかい》の幸之助先生に訊《き》いてみると、「その考え方は、今でも有効だ」と言っています。要するに、「やろうとしないかぎりは、できはしないのだ」ということでしょう。

もちろん、二宮尊徳《にのみやそんとく》先生のように、「積小為大《せきしょういだい》」、つまり、「小さく積んで、大きくしていく」という考え方もありえます。あるいは、「分限《ぶんげん》を知って、無駄《むだ》なことはしない」という考え方もありえるわけです。

ところが、日本は一般《いっぱん》会計予算として、五十兆円ぐらいの税収のなか、国債を入れて百兆円ぐらいの国家予算を組んでいます。要するに、〝身の丈《たけ》の倍〟ぐらいのお金を使っている状況《じょうきょう》が続いているのです。

これはおかしいことではあるので、これについて、もう一度、企業家《きぎょうか》の目でもってチェックをするべきでしょう。やはり、政治家や公務員を長くやっている人の目では分からないわけです。

「生涯現役《しょうがいげんえき》型社会」と「年金」のあるべき考え方

さらに別な話をしましょう。

例えば、九十二歳《さい》で現役《げんえき》脚本家《きゃくほんか》として活躍《かつやく》されている橋田壽賀子《はしだすがこ》先生のような方がいます。ドラマ「渡《わた》る世間《せけん》は鬼《おに》ばかり」の脚本で有名な方ですが、昨年、私が橋田壽賀子先生をお見かけしたときには、スタスタと歩いていました（『悪魔《あくま》からの防衛術』〔幸福の科学出版刊〕参照）。

この方は、熱海《あたみ》に住んでいるらしいのですが、午前中は、近所にいるお手伝いさん四人ぐらいに頼《たの》んで家のことをしてもらい、午後は一人になりたいからということで、お手伝いさんたちを帰しているようです。また、病院へ行くときや、散歩をするときには、一人だけついてくるようになっているとのことです。そのように、九十二歳で現役で、人が雇《やと》えるぐらいの収入がある方もいるわけです。また、八十四歳の黒柳徹子《くろやなぎてつこ》さんは、なかなか年に一回も〝長期休暇《きゅうか》〟が取れないぐらい忙《いそが》しいそうです。

基本的には、このような人たちに年金を払《はら》う必要はないでしょう。やはり、「年を取ったら、誰にでも年金を払う」などという考えは間違《まちが》いです。生涯《しょうがい》現役型の人生を築ける人には払う必要はありません。また、それを潔《いさぎよ》しとしない方もいるはずです。

親の老後の面倒《めんどう》を見る人は相続税ゼロに

先ほど、「憲法改正が八月革命的に行われて左翼《さよく》的になった」と述べましたが、「憲法」に連動して「民法」等も変わっていきました。したがって、民法についても、例えば、伝統的な家族制度を〝破壊《はかい》〟するようなシステムが組み込まれています。

相続にしても、遺留分《いりゅうぶん》が入って、兄弟姉妹の人数に分割《ぶんかつ》して財産が渡るようになっているわけです。

ただ、必ずしも長子《ちょうし》相続にする必要はないとは思いますが、子供のなかで、「責任を持って老後の親の面倒《めんどう》を見る」ということを決めた人には、全財産を承継《しょうけい》させても構わないでしょう。その代わりに相続税を免除《めんじょ》すれば、老後の年金は要らないと思います。

子供が何人かいた場合、おそらく、なかには〝成功する人〟も出てくるはずなので、その人が親の面倒を見ればいいわけです。財産もそのままもらえて、相続税もかからないということにすれば、これで年金は要りません。

政府は、「これから老人人口が増えて、福祉《ふくし》にお金が要る」ということを前提

●**遺留分**　相続人に対して保障された最低限の相続財産の割合のこと。これを受ける権利を持つのは、被相続人の配偶者、直系尊属（父母、祖父母など）、直系卑属（子、孫など）であり、直系尊属だけが相続人の場合は相続財産の３分の１、その他の場合は相続財産の２分の１となる。

にして、「そのために増税しなくてはいけない」と言っています。そして今、「消費税率を八パーセントから十パーセントに上げる」などと言っていますが、やがて、「十五パーセント、十六パーセントに上げる」と言うでしょう。しかし、最終的には五十パーセントを超《こ》えないと計算が合わないのです。

なぜなら、目指しているのは「北欧型《ほくおう》」だからです。スウェーデンの場合、大金持ちではない一般の人たちであっても、間接税とその他の税金も合わせて、税率は七十パーセントまで行っています。つまり、一千万円を稼《かせ》いだら七百万円は税金になり、百万円を稼いだら七十万円が税金になるわけです。言い換《か》えれば、「三百万円、あるいは三十万円は自分の自由になる。あとの七割は政府が吸い上げる。政府のほうで、老後の面倒や子供の面倒など、いろいろなものの面倒を見てやるから、あとは任せておけ」ということでしょう。

私としては、この状態が、活発な経済活動なり、人生活動なりができているようには見えません。非常に穏《おだ》やかではあるけれども、静かで、しっとりとした〝安楽死〟を目指している社会に見えてしかたがないのです。

スウェーデンについても、「そんなに幸福なのだろうか」と思って調べてみたのですが、どうやら、「月に一回ぐらい、家族で食事に行ける」というあたりの幸福を求めているようです。日本で言えば、郊外《こうがい》にあるファミレスに行くのかもしれません。しかし、その程度のことなら、日本では、簡単にできているのではないでしょうか。毎週でも、できているように思います。七十パーセントも税金を払って、そんなことをしてもらう必要など、まったくありません。

やはり、自分で稼いだお金をどう使うかは、自分で決められるほうが幸福なのです。「稼いだお金をお上《かみ》に全部取られる。そして、お上がその使い方を決めてくれる」というより、「自分でどのように使うかを決められる」ほうが、幸福だろうと思います。

したがって、「大きな政府」や「大きな地方自治体」に〝丸抱《まるがか》え〟にしてもらえることを、あまり喜んではいけないと思うのです。多少なりとも「自立」して、できるだけ、自分のお金で自分の道を拓《ひら》くべきです。

もちろん、どうしてもそれが困難な方々も一部いるので、そこに対してセーフティネット（保護手段）を設《もう》けなくてはいけないのは事実でしょう。しかし、率としてはそれほど高くないはずであり、全員、あるいは、大部分の人を対象にしてまで行う必要はないと思います。

父が左翼《さよく》活動家で、学生時代は貧しかった

ちなみに、私自身にしても、決して大金持ちの家に生まれたわけでも何でもありません。

恥《は》ずかしながら、半自叙伝《じじょでん》的なものに少し書いてはありますが、私が生まれた

年に、父親が見事に工場を〝倒産させてくれて〟います。あとになって、「なぜ、倒産したようなところに生まれなくてはいけないのか」と後悔《こうかい》したぐらいです。もう少し先見性があって、経営に成功する人のところに生まれていれば、もっと楽だったのではないかとも思うのです。

あるいは、海外から幸福の科学の信者が巡礼《じゅんれい》に来て、私の実家に行ったときに、「救世主がこんな小さなところで育ったのですか」と言われるので、本当に恥ずかしいのです。そのため、信者も内部を見たいだろうとは思いつつも、「見ないほうがいいですよ」と言って、見せないように〝頑張《がんば》って〟います（会場笑）。実際、一万人も入られたら、床《ゆか》が崩《くず》れてしまって困るので、当会の職員の一部しか入れないようにしているのです。

ともかく、私が生まれる三、四年前に、父親が事業を始めたのですが、それまでは、父は左翼《さよく》の政治運動をやっていました。しかし、左翼運動をやっている人は、現実には経営などできません。資本家を憎《にく》んでいるので、それは当たり前のことでしょう。「金儲けは悪だ」と言っている以上、絶対に儲かるわけがなく、黒字にならないのです。それを、人に仕えるのが嫌《いや》だからといって会社をつくり、社長をやったところで、三年ほどして潰《つぶ》れました。そして、潰れたときに私が生まれてしまったのです。

しかも、父は、ほぼ一年近くサナトリウムに入り、血を吐《は》きながら、肋骨《ろっこつ》を何本も切っていたような状態でした。栄養失調や心労もあったとは思いますが、要するに、結核《けっかく》で入院したわけです。

そして、母に対しても、実家から「引き取るから離婚《りこん》しろ」という催促《さいそく》があり、迎《むか》えにも来ていたようです。そのなかを逃《に》げ回っていたような状況でした。私は、そういう環境《かんきょう》で育っています。実際に、二十年間は借金を払い続けていました。もしかしたら、そのあとは〝踏み倒《たお》した〟のかもしれないと思います（会場笑）。債権表もないので、みんな忘れたのかもしれません。

私も、高校時代はいわゆる「授業料免除」になっていたほうなので、要するに、一家に収入がなかったということでしょう。そういう意味では、国に迷惑《めいわく》をかけたかもしれません。ただ、月に千何百円ぐらいは袋《ふくろ》に入れて持っていっていたので、教材費か何か、実費は払っていたとは思います。

「経営の論理」を政策に入れよ

ともかく、国が幾《いく》ら分お金をもってくれたのかは知りませんが、そのあと、税金でたくさん国に返しました。おそらく、国税局の新ビル一本分ぐらいの税金を、私個人で払ったのではないでしょうか。本当に憎々しいぐらいで、やはり、「このビルは、私が建てたんだぞ！」「宗教家から税金を取るのか」などと思うところがあります（会場笑）。

一方、海外では宗教家からは乗り物代も取りません。取ってはいけないので、飛行機に乗ってもタダなのです。インドなどでは、そうだったでしょう。宗教家に対しては、当然のように、ご飯《はん》を出しますし、乗り物にもタダで乗せるのですが、それは功徳《くどく》を積むためにしているのです。

ところが、日本の国税庁は、宗教家からもガンガン税金を取ります。当会の職員にしても、本来、〝お坊《ぼう》さん〟ではあるので払う必要はないにもかかわらず、会社員のように給与《きゅうよ》体系をつくって、そこから所得税を取られています。つまり、「宗教行為に対しては税金がかからない」といっても、職員からはしっかりと税金を取っているわけです。そういう意味では、「サラリーマンのような扱《あつか》い」をされ、非常に宗教性を低くされているところがあります。

ともかく、消費税上げをするにしても、「まず使いたいものがあり、そのためには、これだけ必要だ」というような考え方は基本的に間違っています。やはり、

「経営の論理」を入れれば借金は減らせるし、よく考えれば〝無借金の状態〟にも持っていけるはずです。

あれほどの経営者である幸之助さんが「可能だ」と言うのであれば、本当にできるのではないでしょうか。もちろん、私にも、やれる自信がないわけではありません。なかなかさせてくれないとは思いますが、自信がないわけではないのです。「できる」と思います。

「十分に教育を施《ほどこ》した移民」に税金を払《はら》ってもらう

さらに、もう一つの手があります。

今、人口が増えないので、「二人で高齢者《こうれいしゃ》一人を支えなくてはいけなくなる」などと言われていますが、それを解決するのに、「移民受け入れ」という手があるのです。これを日本はしていません。

そのほうが安全でよいと思って移民を嫌がっているのかもしれませんが、ヨーロッパでもアメリカでも、ほかの国にはたくさんの移民が入っています。

やはり、移民をきちんと受け入れれば、「人口ピラミッド」も維持《いじ》できるでしょう。そして、その人たちに税金を納めてもらえばいいのです。また、彼らに安い労働力になってもらうことです。そうすれば、海外に工場を出し、海外に税金を落とし、安く仕入れているような企業も、日本に工場を戻《もど》すのではないでしょうか。日本に工場をつくり、海外から来て働いてもらい、税金も払《はら》ってもらうわけです。それで、高齢者を養ってもらえるようになれば申し分ありません。

実際には、日本に来たい人はたくさんいるにもかかわらず、入《い》れないようにしているだけなのです。そのせいで、〝脱走《だっそう》〟してまで日本国内に入ってきており、やや心配なところもあります。

例えば、当会でも、●ネパール釈尊館《しゃくそんかん》での法要《ほうよう》の際に、ネパールから三人の高僧《こうそう》

●ネパール釈尊館　総本山・正心館（幸福の科学の研修施設）の境内にある施設。2005年「愛・地球博」で展示されたネパール寺院（ハラティ・マタ寺院の復元）を移築・保存している。また、ネパール仏教芸術を紹介する彫刻や曼荼羅《まんだら》なども展示している。2006年7月7日に落慶した。

を呼んだのですが、そのうちの二人が日本国内で〝逃走《とうそう》〟しました。要するに、日本では向こうに比べて年収が百倍になるために、砂曼荼羅《すなまんだら》をつくるような高僧でも〝逃走〟するわけです。結局、住職《じゅうしょく》だけはネパールに戻りましたが、向こうの空港に降りてから、バスで半日ぐらいかかり、そこからまた歩いて寺まで帰ったとのことでした。一方、逃げた弟子《でし》のほうは、日本国内のネパール料理店かどこかにいるのかもしれません（会場笑）。

やはり、収入が百倍になるというのは魅力《みりょく》的なのでしょう。せっかく日本に来るチャンスがあったならば、お坊さんでも逃げるぐらいなわけで、日本に入りたい人はたくさんいるはずです。決して、悪い人とかテロリストとかばかりではありません。この国は、ネパールから来た高弟《こうてい》が逃げ込みたくなるほどの「夢の国」なのです。

ただ、きちんと人を選《よ》って、教育をつけて、移民を受け入れることは可能だと思います。基本的に、幸福の科学のテキストを使えば、テロリストのような人は育たないでしょう。幸福の科学のテキストを使って日本語の勉強をさせ、さらに、日本人としての国防の義務や、あるいは、経済発展の原理、経営の方法、教育論等、いろいろなものを勉強させることです。そうすれば、もし国に帰っても、「エリートとして活躍できる人材」になるでしょう。もちろん、「〝日本人〟としても十分に役立つ人材」になるはずです。

ともかく、教材として、幸福の科学の本を使った日本語学校をつくり、そこで二年ぐらい勉強した人を正規社員で雇えるようにしてあげればいいと思います。そうやって移民を受け入れて裾野《すその》を広げれば、消費税を上げてなくて済むのです。

しかし、今の政策のまま放っておくと、やがて消費税を五十パーセントまで取られることになります。これに対して、何とか抵抗《ていこう》しなくてはいけません。まだまだ知恵《ちえ》を出すべきであるし、打つべき手もたくさんあるのだと言っておきたいと思います。このあたりは、〝大阪《おおさか》的知恵〟〝関西の知恵〟がもっと出るのではないでしょうか。

「税金」は安ければ安いほどよい

やはり、税金は安ければ安いほどよいのです。「苛政《かせい》は虎《とら》よりも猛《たけ》し」と言うとおり、昔から、「虎が出たとしても税金が安いほうがいい」と言われているわけです。

七割の税金など払うべきではありません。私は長年、七割も払ってきましたが、「宗教家から七割も取るか？」とは思っていました。その後、少し下がって、五十五パーセントぐらいにはなったものの、また上げられることになるでしょう。

要するに、私の本が売れすぎたために税金を取られたのですが、これは、本当にひどい制度だと思います。なぜなら、私の本は、「人々を救う」ために、「魂《たましい》の救済」のために書かれたものだからです。しかも、税務署に税金を取られなければ、そのお金は教団のなかで（救済行《ぎょう》のために）有効に使えるわけです。

ちなみに、私は、今は本の印税をもらってはいません。あまりに大きすぎるので、例えば、当会の赤字を埋めるために使われています。それは国際本部の海外での活動や、あるいは、学園系、政党系の活動に入っていると思います。

ただ、いずれにせよ、税制が真っ当ではありません。そのあたりについては知ったほうがよいでしょう。やはり、「たくさん儲けて、黒字を出し、きちんと税金を納める人は素晴《すば》らしいのだ」という感じにしていかなければ、一般の会社の人は大変だと思うのです。

昔は、長者番付《ちょうじゃばんづけ》などを出していても、まるで「悪人」のような言い方をしていました。要するに、「実際の生活を知っている周りの人が見て、正しく税金を払っているかどうかを監視《かんし》するために、長者番付として高額納税者を発表するのだ」という言い方をしていたのです。しかし、これは非常に左翼的な考え方でしょう。それだけ税金を払ってくれているのはありがたいことなのに、〝犯罪者〟のような言い方をしていたわけです。実際、それが発表されることで、強盗《ごうとう》が入ったりするようにもなり、プライバシーの保護もあって、だんだん発表しなくなりました。

しかし、今でも、企業などで税金をしっかりと払ったところに対しては、優秀《ゆうしゅう》企業として表彰《ひょうしょう》したらよいと思うのです。そうすれば、もっと払ってくれるようになるでしょう。実際には、税金を払うのがもったいないから、あえて使ってしまい、赤字にしているのです。

やはり、正当に税金を払ったら、周りから尊敬されたり、表彰されたりするように、考え方を変えなくてはいけません。税務署の考え方は左翼的であり、基本的にマルキシズムなので、変えるべきだと思います。

もしかしたら、私たちが「消費税下げ」を主張していることについて、他の政党やマスコミは、「非現実だ」と思っているのかもしれません。しかし、「非現実ではないのだ。本気で考えればできるが、考えなければできないのだ」ということを知るべきです。

少なくとも、私は、「資本金ゼロ」から教団をつくってきました。私が言っていることが、国全体のレベルまで行くかどうかは分かりませんが、ある程度のところまでできるのは間違いないと思っています。

そういう意味では、税金で選挙をやっている人たちに言われたくはありません。また、「素人《しろうと》が言っている」というような言われ方もしたくないのです。「ゼロから始めて世界展開をしてみろ。親は倒産してたんだぞ」と言いたくなるところもあります（笑）。

私は、民主党の代表だった鳩山由紀夫《はとやまゆきお》さんのように、いい年をして、母親から毎月千五百万円も〝小遣《こづか》い〟をもらえる身分ではありませんでした。艱難辛苦《かんなんしんく》を乗り越《こ》え、努力に努力を重ねて、積小為大の精神で延々とやってきているのです。

しかも、毎年、本を百冊以上出し続けているわけで、どれだけ働いているか分からないぐらいですが、私には一円にもなっていません。

7　国民もマスコミも叱《しか》れる「説得力」を持とう

やはり、もっと勤勉に働かなければいけないのではないでしょうか。そういう気運をつくりたいと思います。

政党であっても、国民を甘《あま》やかして〝飴玉《あめだま》をぶら下げる〟だけではなく、言うべきことはきちんと言わなくてはいけないし、やるべきことをやらなければいけないのです。国を守らなくてはいけないときにはそう言うべきですし、悪い国に対しては「悪い」と、はっきり言わなくてはいけません。そういう、けじめのある政治運動もやりたいと思っています。

私は、マスコミを叱《しか》れるぐらいの宗教でありたいと思っているのです。

たとえ一般《いっぱん》人気がなくても、それを説得するのも一つの力でしょう。どうか頑《がん》張《ば》って説得してください。「説得力」があれば、事業も成功しますし、宗教も成功します。教育も成功すれば、何でも成功するのです。

「説得力が大事である」ということを、どうか肝《きも》に銘《めい》じてほしいと思います。

あとがき

今回の総選挙の争点は、北朝鮮への圧力や、少子高齢化対策の消費税増税の分配率を上げることらしい。少なくとも安倍総理の外向けの発表では。

これに対し、私どもは、『自分の国は自分で守れ』『危機のリーダーシップ』『国家繁栄の条件』などで、国民に対し、堂々と党の方針を発表している。

特に本書では、宮沢俊義《みやざわとしよし》の現憲法「八月革命説」や「吉田ドクトリン」を批判するとともに、もう一度、松下幸之助氏の「無税国家論」や「配当国家論《はいとうこっかろん》」を学び直し、消費税下げを真剣に考えるべきだと述べている。子供の絵本やおもちゃにも、老人の外食にも、消費税は確実にかかってくるのである。

本来デフレ脱却を目指している時に、「消費促進」と「消費増税」が真逆《まぎゃく》の関係にあることがまだ判《わか》らないらしい。政府が選挙対策に株価つり上げをすることも、「買収《ばいしゅう》」であることに、はやく気づくべきだ。

二〇一七年　十月十七日

幸福実現党創立者兼総裁《こうふくじつげんとうそうりつしゃけんそうさい》　大川隆法《おおかわりゅうほう》

『国家繁栄の条件』大川隆法著作関連書籍

『自分の国は自分で守れ』（幸福の科学出版刊）
『危機のリーダーシップ』（同右）
『悪魔からの防衛術』（同右）
『吉田茂元首相の霊言』（同右）
『マルクス・毛沢東のスピリチュアル・メッセージ』（同右）
『守護霊インタビュー 金正恩 最後の狙い』（同右）
『徳のリーダーシップとは何か　三国志の英雄・劉備玄徳は語る』（同右）
『現代の法難④――朝日ジャーナリズムの「守護神」に迫る――』（同右）
『松下幸之助 日本を叱る』（同右）
『稲盛和夫守護霊が語る 仏法と経営の厳しさについて』（同右）

『マッカーサー 戦後65年目の証言
――マッカーサー・吉田茂・山本五十六・鳩山一郎の霊言――』（同右）
『沈みゆく日本をどう救うか
――野田佳彦総理のスピリチュアル総合分析――』（幸福実現党刊）

国家《こっか》繁栄《はんえい》の条件《じょうけん》
――「国防意識」と「経営マインド」の強化を――

2017年10月18日　初版第1刷

著　者　大《おお》川《かわ》隆《りゅう》法《ほう》

発行所　幸福の科学出版株式会社
〒107-0052 東京都港区赤坂2丁目10番14号
TEL(03)5573-7700
http://www.irhpress.co.jp/

印刷・製本　株式会社 研文社

落丁・乱丁本はおとりかえいたします

ISBN978-4-86395-949-1 C0030
カバー写真：©AID/amanaimages
本文写真：時事／AFP=時事／EPA=時事

大川隆法 ベストセラーズ・日本の取るべき道を示す

危機のリーダーシップ

いま問われる政治家の資質と信念

党利党略や、ポピュリズム、嘘とごまかしばかりの政治は、もう要らない。国家存亡の危機にある今の日本に必要な「リーダーの条件」とは何か？

1,500円

自分の国は自分で守れ

「戦後政治」の終わり、「新しい政治」の幕開け

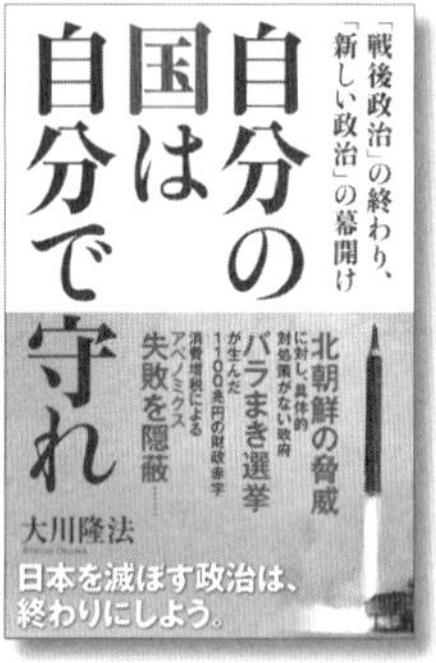

北朝鮮の核開発による国防危機、1100兆円の財政赤字、アベノミクスの失敗……。嘘と国内的打算の政治によって混迷を極める日本への最新政治提言！

1,500円

永遠なるものを求めて

人生の意味とは、国家の理想とは

北朝鮮のミサイルに対し何もできない"平和ボケ日本"にNO! 人間としての基本的な生き方から、指導者のあり方、国家のあり方までを最新提言。

1,500円

※表示価格は本体価格（税別）です。

大川隆法 霊言シリーズ・緊迫する東アジア情勢を読む

守護霊インタビュー
金正恩 最後の狙い

戦争の引き金を引くのか？ それとも降伏するのか？ ついに最終段階を迎えた北朝鮮問題──。追いつめられた独裁者が垣間見せた焦りと迷いとは。

1,400円

緊急守護霊インタビュー
金正恩 vs. ドナルド・トランプ

英語霊言 日本語訳付き

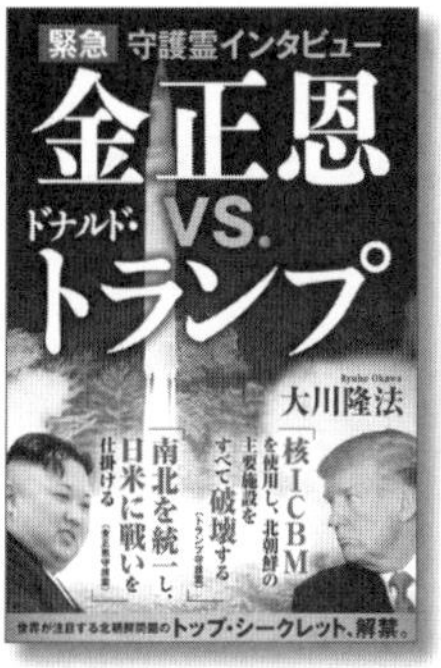

二人の守護霊を直撃。挑発を繰り返す北朝鮮の「シナリオ」とは。米大統領の「本心」と「決断」とは。北朝鮮情勢のトップシークレットが、この一冊に。

1,400円

文在寅《ムンジェイン》 韓国新大統領
守護霊インタビュー

韓国が「東アジアの新たな火種」となる!? 文在寅新大統領の驚くべき本心と、その国家戦略が明らかに。「ムッソリーニの霊言」を特別収録。

1,400円

大川隆法 霊言シリーズ・日本経済復活へのヒント

松下幸之助「事業成功の秘訣」を語る

デフレ不況に打ち克つ組織、「ネット社会における経営」の落とし穴など、景気や環境に左右されない事業成功の法則を「経営の神様」が伝授!

1,400円

稲盛和夫守護霊が語る 仏法と経営の厳しさについて

実戦で鍛えられた経営哲学と、信仰で培われた仏教精神。日本再建のカギとは何か――。いま、大物実業家が、日本企業の未来にアドバイス!

1,400円

財政再建論 山田方谷ならどうするか

「社会貢献なき者に、社会保障なし!」破綻寸前の備中松山藩を建て直し、大実業家・渋沢栄一にも影響を与えた「財政再建の神様」が政府を一喝。

1,400円

※表示価格は本体価格(税別)です。

幸福実現党宣言

この国の未来をデザインする

政治と宗教の真なる関係、「日本国憲法」を改正すべき理由など、日本が世界を牽引するために必要な、国家運営のあるべき姿を指し示す。

1,600円

新・日本国憲法試案

幸福実現党宣言④

大統領制の導入、防衛軍の創設、公務員への能力制導入など、日本の未来を切り開く「新しい憲法」を提示する。

1,200円

政治革命家・大川隆法

幸福実現党の父

未来が見える。嘘をつかない。タブーに挑戦する——。政治の問題を鋭く指摘し、具体的な打開策を唱える幸福実現党の魅力が分かる万人必読の書。

1,400円

大川隆法「法シリーズ」・**最新刊**

伝道の法

法シリーズ
第23作

人生の「真実」に目覚める時

人生の悩みや苦しみは
どうしたら解決できるのか。
世界の争いや憎しみは
どうしたらなくなるのか。
ここに、ほんとうの「答え」がある。

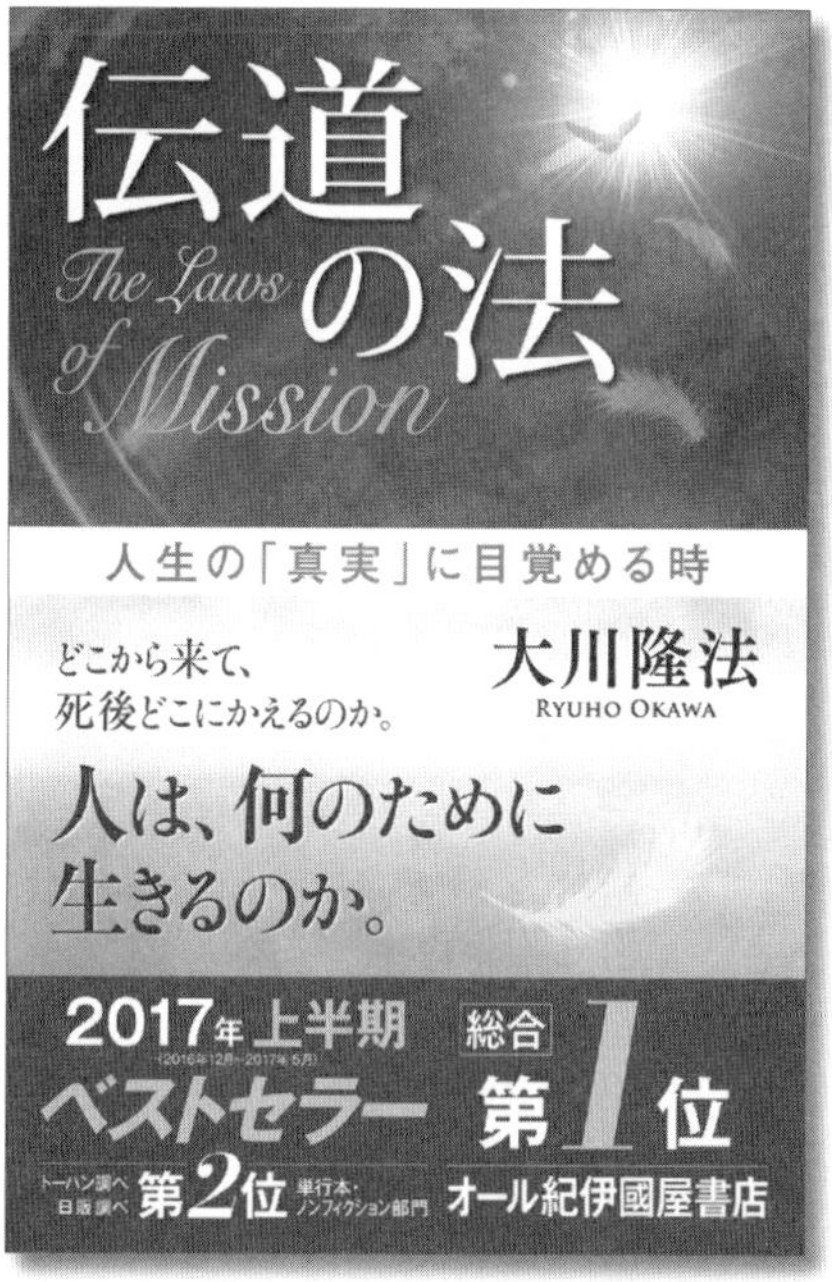

2,000円

第１章　心の時代を生きる　―― 人生を黄金に変える「心の力」
第２章　魅力ある人となるためには ―― 批判する人をもファンに変える力
第３章　人類幸福化の原点　―― 宗教心、信仰心は、なぜ大事なのか
第４章　時代を変える奇跡の力
―― 危機の時代を乗り越える「宗教」と「政治」
第５章　慈悲の力に目覚めるためには
―― 一人でも多くの人に愛の心を届けたい
第６章　信じられる世界へ ―― あなたにも、世界を幸福に変える「光」がある

幸福の科学グループのご案内

宗教、教育、政治、出版などの活動を通じて、地球的ユートピアの実現を目指しています。

幸福の科学

一九八六年に立宗。信仰の対象は、地球系霊団の最高大霊、主エル・カンターレ。世界百カ国以上の国々に信者を持ち、全人類救済という尊い使命のもと、信者は、「愛」と「悟り」と「ユートピア建設」の教えの実践、伝道に励んでいます。

（二〇一七年十月現在）

愛

幸福の科学の「愛」とは、与える愛です。これは、仏教の慈悲《じひ》や布施《ふせ》の精神と同じことです。信者は、仏法真理をお伝えすることを通して、多くの方に幸福な人生を送っていただくための活動に励んでいます。

悟り

「悟り」とは、自らが仏の子であることを知るということです。教学《きょうがく》や精神統一によって心を磨き、智《ち》慧《え》を得て悩みを解決すると共に、天使・菩薩《ぼさつ》の境地を目指し、より多くの人を救える力を身につけていきます。

ユートピア建設

私たち人間は、地上に理想世界を建設するという尊い使命を持って生まれてきています。社会の悪を押しとどめ、善を推し進めるために、信者はさまざまな活動に積極的に参加しています。

国内外の世界で貧困や災害、心の病で苦しんでいる人々に対しては、現地メンバーや支援団体と連携して、物心両面にわたり、あらゆる手段で手を差し伸べています。

年間約３万人の自殺者を減らすため、全国各地で街頭キャンペーンを展開しています。

公式サイト **www.withyou-hs.net**

ヘレン・ケラーを理想として活動する、ハンディキャップを持つ方とボランティアの会です。視聴覚障害者、肢体不自由な方々に仏法真理を学んでいただくための、さまざまなサポートをしています。

公式サイト **www.helen-hs.net**

入会のご案内

幸福の科学では、大川隆法総裁が説く仏法真理《ぶっぽうしんり》をもとに、「どうすれば幸福になれるのか、また、他の人を幸福にできるのか」を学び、実践しています。

入会

仏法真理を学んでみたい方へ

大川隆法総裁の教えを信じ、学ぼうとする方なら、どなたでも入会できます。入会された方には、『入会版「正心法語」』が授与されます。

三帰《さんき》誓願《せいがん》

信仰をさらに深めたい方へ

仏弟子としてさらに信仰を深めたい方は、仏《ぶっ》・法《ぼう》・僧《そう》の三宝《さんぼう》への帰依を誓う「三帰誓願式」を受けることができます。三帰誓願者には、『仏説・正心法語《しょうしんほうご》』『祈願文《きがんもん》①』『祈願文②』『エル・カンターレへの祈り』が授与されます。

幸福の科学 サービスセンター
TEL 03-5793-1727 （受付時間／火～金：10～20時 土・日祝：10～18時）

幸福の科学 公式サイト
happy-science.jp

教育

ハッピー・サイエンス・ユニバーシティ
Happy Science University

ハッピー・サイエンス・ユニバーシティとは

ハッピー・サイエンス・ユニバーシティ(HSU)は、大川隆法総裁が設立された「現代の松下村塾」であり、「日本発の本格私学」です。建学の精神として「幸福の探究と新文明の創造」を掲げ、チャレンジ精神にあふれ、新時代を切り拓く人材の輩出を目指します。

学部のご案内

人間幸福学部

人間学を学び、新時代を切り拓くリーダーとなる

経営成功学部

企業や国家の繁栄を実現する、起業家精神あふれる人材となる

未来産業学部

新文明の源流を創造するチャレンジャーとなる

HSU長生キャンパス
〒299-4325
千葉県長生郡長生村一松丙 4427-1
TEL 0475-32-7770

未来創造学部

時代を変え、未来を創る主役となる

政治家やジャーナリスト、ライター、俳優・タレントなどのスター、映画監督・脚本家などのクリエーター人材を育てます。4年制と短期特進課程があります。

・4年制
1年次は長生キャンパスで授業を行い、2年次以降は東京キャンパスで授業を行います。

・短期特進課程(2年制)
1年次・2年次ともに東京キャンパスで授業を行います。

HSU未来創造・東京キャンパス
〒136-0076
東京都江東区南砂2-6-5
TEL 03-3699-7707

幸福の科学グループの教育・人材養成事業

学校法人
幸福の科学学園

学校法人 幸福の科学学園は、幸福の科学の教育理念のもとにつくられた教育機関です。人間にとって最も大切な宗教教育の導入を通じて精神性を高めながら、ユートピア建設に貢献する人材輩出を目指しています。

幸福の科学学園

中学校・高等学校（那須本校）
2010年4月開校・栃木県那須郡（男女共学・全寮制）
TEL **0287-75-7777**
公式サイト **happy-science.ac.jp**

関西中学校・高等学校（関西校）
2013年4月開校・滋賀県大津市（男女共学・寮及び通学）
TEL **077-573-7774**
公式サイト **kansai.happy-science.ac.jp**

仏法真理塾「サクセスNo.1」 TEL **03-5750-0747**（東京本校）
小・中・高校生が、信仰教育を基礎にしながら、「勉強も『心の修行』」と考えて学んでいます。

不登校児支援スクール「ネバー・マインド」 TEL **03-5750-1741**
心の面からのアプローチを重視して、不登校の子供たちを支援しています。
また、障害児支援の**「ユー・アー・エンゼル！」運動**も行っています。

エンゼルプランV TEL **03-5750-0757**
幼少時からの心の教育を大切にして、信仰をベースにした幼児教育を行っています。

シニア・プラン21 TEL **03-6384-0778**
希望に満ちた生涯現役人生のために、年齢を問わず、多くの方が学んでいます。

学校からのいじめ追放を目指し、さまざまな社会提言をしています。また、各地でのシンポジウムや学校への啓発ポスター掲示等に取り組む一般財団法人「いじめから子供を守ろうネットワーク」を支援しています。

ブログ **blog.mamoro.org**
公式サイト **mamoro.org**
相談窓口 **TEL.03-5719-2170**

幸福の科学グループ事業

政治

幸福実現党

内憂外患《ないゆうがいかん》の国難に立ち向かうべく、2009年5月に幸福実現党を立党しました。創立者である大川隆法党総裁の精神的指導のもと、宗教だけでは解決できない問題に取り組み、幸福を具体化するための力になっています。

幸福実現党 釈量子サイト
shaku-ryoko.net

Twitter
釈量子@shakuryoko
で検索

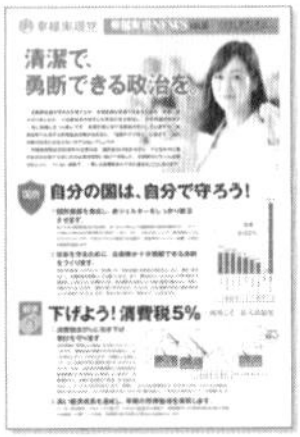

党の機関紙
「幸福実現NEWS」

幸福実現党　党員募集中

あなたも幸福を実現する政治に参画しませんか。

○ 幸福実現党の理念と綱領、政策に賛同する18歳以上の方なら、どなたでも参加いただけます。
○ 党費:正党員（年額5千円［学生 年額2千円］）、特別党員（年額10万円以上）、家族党員（年額2千円）
○ 党員資格は党費を入金された日から1年間です。
○ 正党員、特別党員の皆様には機関紙「幸福実現NEWS（党員版）」が送付されます。

＊申込書は、下記、幸福実現党公式サイトでダウンロードできます。
住所:〒107-0052　東京都港区赤坂2-10-8 6階 幸福実現党本部
TEL **03-6441-0754**　FAX **03-6441-0764**
公式サイト **hr-party.jp**　若者向け政治サイト **truthyouth.jp**

幸福の科学出版

出版メディア事業

大川隆法総裁の仏法真理の書を中心に、ビジネス、自己啓発、小説など、さまざまなジャンルの書籍・雑誌を出版しています。他にも、映画事業、文学・学術発展のための振興事業、テレビ・ラジオ番組の提供など、幸福の科学文化を広げる事業を行っています。

アー・ユー・ハッピー？
are-you-happy.com

ザ・リバティ
the-liberty.com

幸福の科学出版
TEL 03-5573-7700
公式サイト irhpress.co.jp

THE FACT

ザ・ファクト
マスコミが報道しない「事実」を世界に伝えるネット・オピニオン番組

Youtubeにて随時好評配信中！

ザ・ファクト 検索

芸能文化事業

NEW STAR PRODUCTION

ニュースター・プロダクション

「新時代の"美しさ"」を創造する芸能プロダクションです。2016年3月に映画「天使に"アイム・ファイン"」を、2017年5月には映画「君のまなざし」を公開しています。

公式サイト newstarpro.co.jp

ARI Production

ARI《アリ》 Production《プロダクション》

タレント一人ひとりの個性や魅力を引き出し、「新時代を創造するエンターテインメント」をコンセプトに、世の中に精神的価値のある作品を提供していく芸能プロダクションです。

公式サイト aripro.co.jp

大川隆法　講演会のご案内

大川隆法総裁の講演会が全国各地で開催されています。
講演のなかでは、毎回、「世界教師」としての立場から、幸福な人生を生きるための心の教えをはじめ、世界各地で起きている宗教対立、紛争、国際政治や経済といった時事問題に対する指針など、日本と世界がさらなる繁栄の未来を実現するための道筋が示されています。

8月2日 東京ドーム「人類の選択」

5月14日 ロームシアター京都
「永遠なるものを求めて」

4月23日 高知県立県民体育館「人生を深く生きる」

2月11日 大分別府ビーコンプラザ・コンベンションホール
「信じる力」

1月9日 パシフィコ横浜「未来への扉」

講演会には、どなたでもご参加いただけます。
最新の講演会の開催情報はこちらへ。⟹

大川隆法総裁公式サイト
https://ryuho-okawa.org